mit CD-ROM

Reihe Doppelstunde Sport

Doppelstunde Basketball

Reiner Braun · Anke Goriss · Stefan König

Unterrichtseinheiten und Stundenbeispiele für Schule und Verein

4. Auflage

1

hofmann.

Bibliografische Information der Deutschen Nationalbibliothek
Die Deutsche Nationalbibliothek verzeichnet diese Publikation in der Deutschen Nationalbibliografie; detaillierte bibliografische Daten sind im Internet über http://dnb.d-nb.de abrufbar.

Bestellnummer 0514

4. Auflage 2014

Letzte überarbeitete Auflage: 3. Auflage 2010

www.hofmann-verlag.de

Erschienen als Band 1 der „Reihe Doppelstunde Sport“

Druck: Druck- und Kalender-Marketing Sosset GmbH, Kißlegg

Printed in Germany · ISBN 978-3-7780-0514-9

Reihe
Doppelstunde
Sport

Herausgegeben von
Stefan König

Doppelstunde Sport

Herausgeber Prof. Dr. Stefan König

bisher erschienene Bände

1 Doppelstunde Basketball
Reiner Braun, Anke Goriss, Stefan König

2 Doppelstunde Fußball
Daniel Memmert, Peter Breihofer

3 Doppelstunde Turnen
Sven Lange, Kathrin Bischoff

4 Doppelstunde Bewegungsgestaltungen
Susanne Pape-Kramer, Ulrike Köhle

5 Doppelstunde Volleyball
Hermann Saile, Barbara Vollmer

6 Doppelstunde Schwimmen
Marcel Fahrner, Nico Moritz

7 Doppelstunde Alpiner Skilauf
Herbert Haag

8 Doppelstunde Leichtathletik – Band 1
Günter Frey, Michael Belz

9 Doppelstunde Leichtathletik – Band 2
Günter Frey, Michael Belz

10 Doppelstunde Ringen und Raufen
Frank Bächle, Steffen Heckele

11 Doppelstunde Handball
Stefan König, Andi Husz

Inhaltsverzeichnis

Vorwort des Herausgebers ... 7

Vorwort des Präsidenten des Basketballverbandes BW ... 8

I Basketball unterrichten

1. Das Sportspiel Basketball ... 11
2. Ein Vermittlungskonzept für Basketball ... 13
3. Hallen, Geräte und Medien ... 19
4. Aufbau der Doppelstunden ... 22

II Sechs Doppelstunden für die Klassen 5 und 6 (10- bis 12-Jährige)

1. Das Zielspiel 3–3 ... 25
2. Doppelstunde 1: Passen und Fangen ... 31
3. Doppelstunde 2: Dribbling, Stoppen und Pivotieren ... 37
4. Doppelstunde 3: Korbleger ... 42
5. Doppelstunde 4: Positionswurf ... 46
6. Doppelstunde 5: Spiel 1–1 mit Schwerpunkt Angriff ... 50
7. Doppelstunde 6: Spiel 1–1 mit Schwerpunkt Verteidigung ... 55

III Sechs Doppelstunden für die Klassen 7 bis 9 (13- bis 15-Jährige)

1. Vom Spiel 3–3 zum Spiel 4–4 ... 63
2. Doppelstunde 7: Freilaufen und anbieten, *Give and Go, Cut and Fill* ... 64
3. Doppelstunde 8: Vom Positions- zum Sprungwurf ... 70
4. Doppelstunde 9: Verteidigung V_B, V_1 und V_2 ... 74

5. Doppelstunde 10: Einführung in das Centerspiel, Zusammenspiel Innen- und Außenspieler, Spiel 4–4 80

6. Doppelstunde 11: Einführung des Schnellangriffs, Spiel 4–4 auf zwei Körbe 86

7. Doppelstunde 12: Schnellangriff mit drei Spielern 91

IV Sechs Doppelstunden für die Klassen 10 bis 12 (16- bis 19-Jährige)

1. Vom Spiel 4–4 zum Spiel 5–5 97

2. Doppelstunde 13: Werfen unter spielnaher Belastung, Erarbeiten des *Power-Move* 100

3. Doppelstunde 14: Partnerhilfen (1) *Give and Go, Cut and Fill, Indirekter Block* .. 104

4. Doppelstunde 15: Partnerhilfen (2) *Direkter Block* und *Abstreifen* 110

5. Doppelstunde 16: Schnellangriff mit allen Spielern 115

6. Doppelstunde 17: Mann-Mann-Verteidigung im Spiel 5–5 ... 119

7. Doppelstunde 18: Ball-Raum-Verteidigung im Spiel 5–5 123

Anhang

Literatur 131

Legende 133

Glossar 134

Vorwort des Herausgebers

Wie war das noch mal?
„Es ist geschafft: das erste Buch der Reihe **Doppelstunde Sport** liegt vor ..."
Mit diesem Satz habe ich als Herausgeber der Buchreihe **Doppelstunde Sport** im September 2004 die 1. Auflage des vorliegenden Buches **Doppelstunde Basketball** „ins Rennen geschickt". Natürlich wussten wir damals nicht, wie sich ein solches Buch – von manchen als Rezeptsammlungen abgetan – verkauft und vor allem, wie es bei den Leserinnen und Lesern ankommt. Heute können wir zumindest folgendes festhalten:

1. Die **Doppelstunde Basketball** ging bis Ende 2013 in Deutschland fast neuntausend Mal über den Ladentisch; darüber freut sich insbesondere der Verlag, aber auch die drei Autoren.
2. Die Rückmeldungen, sei es in Form von Rezensionen in Fachzeitschriften, in Form von Gesprächen mit Lehrerinnen und Lehrern oder aber einfach in Form von persönlichen Kommentaren von „Basketballern" waren fast ausnahmslos positiv.
3. Besonders gefreut hat uns, dass die beigelegte CD so großen Anklang gefunden hat, unsere Leser aber auch immer wieder vehement einer Erweiterung des dort gespeicherten Übungskanons gefordert haben. Diesem Wunsch sind wir mit einer Verdopplung der Videosequenzen nachgekommen und haben diese auch hinsichtlich ihrer Zuordnung überarbeitet.
4. Auch die anderen Bücher der **Doppelstunde Sport,** elf in der Zwischenzeit, konnten dieses enorme Tempo der **Doppelstunde Basketball** bisher mithalten; auch sie sind von unseren Leserinnen und Lesern hoch nachgefragt.
5. Obwohl das Konzept zunächst und auch heute noch von einigen Sportwissenschaftlern und Praktikern immer kritisch gesehen wird, zeigt sich in der Zwischenzeit doch, dass die ursprüngliche Idee Lehrerinnen und Lehrern schnell umsetzbare Hilfen an die Hand zu geben, zunehmend erfolgreich ist.

All dies lässt hoffen, dass in den nächsten zwei Jahren wenigstens zwei weitere Doppelstunden vorliegen, denn die **Doppelstunde Leichtathletik Oberstufe** und die **Doppelstunde Rückschlagspiele** liegen gut im Rennen. Als Herausgeber bin ich deshalb, zusammen mit meinen Autorinnen und Autoren und dem Hofmann-Verlag, ein bisschen stolz und hoffe, dass wir auch zukünftig möglichst viele kritische Leserinnen und Leser ansprechen können.
Prof. Dr. Stefan König

Vorwort des Präsidenten des Basketballverbandes BW

Basketball, eine noch junge Sportart, die ihre Wurzeln in Amerika hat. Seine „Erfolgsstory“ in Deutschland begann vor allem nach dem 2. Weltkrieg über die Schulen und Hochschulen, die durch vielfältige Initiativen dafür sorgten, dass sich der Basketballsport gegenüber den in Deutschland sehr populären Ballsportverbänden Fußball und Handball durchsetzen konnte. In den 90er-Jahren waren es u. a. die Streetball-Bewegung sowie die begeisternden Spiele des „Dream-Teams“ anlässlich der Olympischen Spiele in Barcelona 1992, die den Basketballsport zur beliebtesten Sportart bei Schülern machte.
In Baden-Württemberg gehört Basketball mit zu den Kernsportarten im Sportunterricht. Es ist deshalb Verpflichtung für den Basketballverband Baden-Württemberg in enger Kooperation mit dem Kultusministerium, den Regierungspräsidien, den Schulämtern und Schulen durch gemeinsame Initiativen und Aktivitäten den Sportunterricht sowie den außerunterrichtlichen Schulsport zu unterstützen und weiterzuentwickeln. Kooperation Schule/Sportverein, Mentorenausbildung, gemeinsame Lehrerfortbildung, Bereitstellung von Unterrichtsmaterialien sind hierfür nur einige Beispiele. Sportunterricht und Vereinssport sind schon aufgrund unterschiedlicher Voraussetzungen differenziert zu betrachten. Zahlenmäßig große Klassen, unterschiedlicher Könnensstand vom Sportanfänger bis zum Leistungssportler, unterschiedliche Interessenschwerpunkte der Schüler, nicht immer optimale Voraussetzungen bei den Sportstätten stellen an das pädagogische und organisatorische Geschick der Sportlehrkräfte hohe Anforderungen.
Das vorliegende Buch **Doppelstunde Basketball** will hierzu Sportlehrerinnen und Sportlehrern Hilfestellungen für die Vorbereitung und Durchführung von Basketballunterricht geben. Es ist den Autoren gelungen, Doppelstunden, auch unter dem Aspekt räumlicher Besonderheiten, aufeinander aufbauend zu strukturieren und hierbei vielfältige und gut abgestimmte Spiel- und Übungsformen für alle Klassenstufen anzubieten. Ich bin überzeugt, dass dieses Buch bald einen großen Interessentenkreis auch über den Schulsport hinaus finden wird.
Mein Dank gilt den Autoren Reiner Braun, Anke Goriss und Stefan König - alle drei ausgewiesene Experten auf diesem Gebiet. Mit dem Erscheinen dieses Buches wird eine vorhandene Lücke in der Basketball-Fachliteratur geschlossen. Ich wünsche viel Spaß beim Arbeiten mit diesem Buch.

Dieter Schmidt-Volkmar
Präsident des Basketballverbandes Baden-Württemberg (1991–2009)

I

Basketball unterrichten

1 Das Sportspiel Basketball

„Montiert die Basketball-Bretter ab und zersägt die Barrenholme“ (Jürgen Dieckert 1972)

Mit diesen beiden Forderungen zu Struktur und Inhalt zukünftiger Leibesübungen lag Dieckert bei seinem 1972 verfassten Schulsport-Szenario weit daneben. Zumindest Basketball ist aus dem heutigen Schulsport nicht mehr wegzudenken, da sowohl Lehrer wie auch Schüler großen Gefallen an diesem Spiel haben. Erstellt man eine einfache Übersicht von Schülerbefragungen der letzten 15 Jahre, ergibt sich ein relativ klares Bild von den Inhalten, die Mädchen und Jungen sich einerseits im Schulsport wünschen (vgl. Tab. 1a), und die andererseits tatsächlich behandelt werden (vgl. Tab. 1b):

Tab. 1a: Wünsche von Kindern und Jugendlichen für den Sportunterricht

<table>
<tr><th rowspan="2">Autor</th><th rowspan="2">Anzahl der befragten Schüler</th><th colspan="2">Beliebteste Sportarten</th></tr>
<tr><th>Mädchen</th><th>Jungen</th></tr>
<tr><td>Digel (1996)</td><td>N = 536 Schüler (Hessen) zwischen 11 und 19 Jahren</td><td colspan="2">1. Basketball
2. Selbstverteidigung
3. Volleyball</td></tr>
<tr><td>Sport und Markt (1999)</td><td>N = 1000 Schüler (Hamburg) zwischen 11 und 19 Jahren</td><td colspan="2">1. Basketball
2. Fußball
3. Beach-Volleyball</td></tr>
<tr><td>Wydra (2001)</td><td>N = 1586 Schüler (Saarland) der Klassenstufen 5 bis 13</td><td>1. Inlineskating
2. Schwimmen
3. Volleyball
…
6. Basketball</td><td>1. Basketball
2. Fußball
3. Tischtennis</td></tr>
</table>

Tab. 1b: Tatsächlich behandelte Inhalte im Sportunterricht

<table>
<tr><th rowspan="2">Autor</th><th rowspan="2">Anzahl der befragten Schüler</th><th colspan="2">Beliebteste Sportarten</th></tr>
<tr><th>Mädchen</th><th>Jungen</th></tr>
<tr><td>Klenk (2004)</td><td>N = 894 (Gymnasiasten aus Baden-Württemberg) der Klassen 10 und 11</td><td colspan="2">1. Gerätturnen
2. Leichtathletik
3. Volleyball
4. Schwimmen
5. Basketball</td></tr>
<tr><td>PH Weingarten (2009)</td><td>N = 597 Schüler (Baden-Württemberg und Saarland) der Klassenstufen 5 bis 10</td><td>1. Basketball
2. Volleyball
3. Fußball
4. Handball</td><td>1. Basketball
2. Fußball
3. Volleyball
4. Handball</td></tr>
<tr><td>Menze-Sonneck (2001)</td><td>N1 = 1656 Schüler (NRW) und N2 = 1770 (Brandenburg) bezüglich der hauptsächlich betriebenen Sportarten im letzten Schuljahr</td><td>1. Volleyball
2. Basketball
3. Badminton
4. Fußball</td><td>1. Fußball
2. Basketball
3. Volleyball
4. Leichtathletik</td></tr>
</table>

Basketball ist neben Volleyball und Fußball vor allem bei den Jungen der am meisten gewünschte und auch praktizierte Inhalt für den Schulsport, wobei die Gründe hierfür auf der Hand liegen: Basketball ist „in", Basketball gilt als „cool", wozu die seit vielen Jahren auch für deutsche Fernsehzuschauer ausgestrahlten Übertragungen von Spielen der amerikanischen NBA einen großen Teil beitragen. Auch bei Lehrerinnen und Lehrern ist Basketball ein beliebter Unterrichtsgegenstand (vgl. u. a. König & Zentgraf, 1999). Somit liegen prinzipiell gute Voraussetzungen für einen Basketball-Unterricht in der Schule vor, was durchaus auch der Geschichte dieses Spiels, das als Erfindung in pädagogischer Absicht gilt, entspricht. Basketball hat sich seit seiner Erfindung im Jahr 1891 allerdings in mehrfacher Hinsicht enorm gewandelt, wobei einige Entwicklungen auch für den Basketball-Unterricht von Bedeutung sind:

1. Basketball hat eine nahezu unendliche Flut an Regeländerungen durchlaufen (vgl. u. a. Niedlich, 1996) und wird dies wohl auch in den nächsten Jahren weiterhin tun; dies stellt Unterrichtende in schöner Regelmäßigkeit vor Probleme hinsichtlich eines angemessenen Umgangs mit Regeln im Sportunterricht. Allerdings muss man nicht ständig alle aktuellen Regeln parat haben: Braun (1999) hat mit Hilfe von fünf Regeln gezeigt, dass im Unterricht auch mit einem sehr eingeschränkten Regelkanon gespielt werden kann, ohne die Strukturen des Spiels verändern zu müssen.

2. Die ursprüngliche Vorstellung, Basketball „körperlos" zu spielen, hat sich als Illusion erwiesen. Dennoch gilt Basketball nach wie vor als faires Sportspiel, was insbesondere im Sportunterricht durch eine rigide Anwendung der Foulregel aufrecht erhalten werden sollte. Sportpädagogen sollten zwischen Wettkampf-Basketball und Schul-Basketball eine klare Grenze ziehen.

3. Das sportive Basketball wird insbesondere in der Freizeitszene zunehmend durch die Streetball-Szene überlagert, auch wenn diese ihren Höhepunkt wohl überschritten hat. Coole Kleidung, Musik, Show, Spaß und Spektakel begleiten heute viele Basketball-Veranstaltungen. Basketball spiegelt die Werte vieler Jugendlicher wider: „Turniere sind nur vordergründig sportlich, vielmehr kommunikativ und interaktiv" (Kugelmann, 1995, 16). Insofern haben Jugendliche auch klare Vorstellungen von „ihrem" Basketball-Spiel, die für den Unterricht nicht belanglos sind (vgl. Kurz, 1986).

Alle drei Entwicklungen beeinflussen den Unterrichtsprozess unmittelbar und sind folglich auch im Schulsport zu berücksichtigen. Insofern haben Vorschläge für eine Vermittlung von Basketball in der Schule sich daran zu orientieren.

2 Ein Vermittlungskonzept für Basketball

Neben diesen spezifischen Entwicklungen, die das Unterrichten von Basketball direkt beeinflussen, muss sich ein spezifisches Vermittlungskonzept an zwei weiteren wichtigen Eckpunkten orientieren, um der Struktur dieser Sportart gerecht zu werden.

1. An den ***Merkmalen eines Sportspiels.*** Betrachtet man Basketball unter dieser Perspektive, dann sind die folgenden Eigenschaften zu nennen:

- **Basketball ist ein Sportspiel** und damit wie jedes andere Sportspiel von den grundlegenden Merkmalen der Konkurrenz und der Assoziierung geprägt. Während die Perspektive der Konkurrenz sich vor allem im „Gewinnen Wollen", äußert, beschreibt Assoziierung Formen des Miteinander-Handelns (CACHAY & DIGEL, 1981). Im Zentrum stehen hierbei das Einhalten und Achten von gemeinsam für gültig erklärten **Regeln,** wobei diese sich einerseits an ausgewählten Wettkampfregeln und andererseits an der Adressatengruppe zu orientieren haben. Regeln bzw. Regellernen muss folglich ein Schwerpunkt unterrichtlichen Handelns sein.

- **Basketball ist ein Wurfspiel** und somit durch die von Getrost und Wichmann (1996) beschriebenen Grundsituationen (GS) „Korbwurf – Stören des Korbwurfs – Rebound" (GS 1), „Herausspielen einer Wurfgelegenheit – Abschirmen des Korbes" (GS 2) sowie „Aufbau eines Angriffs – Stören des Angriffsaufbaus" (GS 3) geprägt. Diese Grundsituationen schaffen durch eine angemessene Reihung konkrete Strategien für die Vermittlung von Basketball, indem der Korbwurf als technische und taktische Handlung von Beginn an im Mittelpunkt des Unterrichts steht (vgl. hierzu DIETRICH (1975) im Fußball und SINGER (1984) im Handball).

- **Basketball ist ein Kampfspiel** womit ein großer körperlicher Einsatz verknüpft ist, der allein durch das Spielen auf engsten Räumen und den Ball forciert wird. Unterstützend kommt hinzu, dass Basketball sich dadurch auszeichnet, dass große, kräftige und auch schwere Spieler häufig Vorteile gegenüber kleinen und leichten haben können. Dies ist erneut ein Kriterium für eine Thematisierung angemessener Regeln im Unterricht.

- **Basketball ist ein taktisches Spiel**. Selbst wenn man Basketball unter der Perspektive der Schule betrachtet und damit gruppen- und mannschaftstaktische Maßnahmen auf ein Minimum reduziert, trifft diese Aussage insofern zu, als jede technische Handlung im Prinzip eine taktische Grundlage hat. Der Korbwurf im Spiel ist kein rein technischer Ablauf, sondern mit Wahrnehmungen und Entscheidungen verbunden, ebenso die Täuschung oder der Pass. Dies bedeutet, dass neben motorischen Lernprozessen im Basketballunterricht vor allem taktische Trainingsmaßnahmen zu thematisieren sind und hierbei – vergleichbar zu anderen Trainingsprozessen – ganz spezifische methodische Strategien zu realisieren sind.

- **Basketball ist ein komplexes Spiel**, das sich wie alle anderen Sportspiele durch ein mehrfaches Bezugssystem „Ball – Gegner – Mitspieler" (KONZAG, 1990; KONZAG & KONZAG, 1980) und damit durch in der Regel parallel ablaufende Aktionen unter Zeitdruck auszeichnet. Diese Dynamik erleben Anfänger häufig als Überforderung: Ball annehmen, *Stoppen, Facing,* die eigenen Mitspieler beobachten bzw. im selben Moment die Verteidigung lesen, das sind Mehrfachhandlungen, die vor allem Anfänger immer wieder vor unlösbare Probleme stellen, weshalb eine spezifische Vermittlungsstrategie eine Reduktion von Komplexität durch einfache Basketballspiele umsetzen muss.

2. An den ***bildungspolitischen Vorgaben***. Während es dem organisierten Wettkampf-Basketball an Vorschlägen zur Vermittlung des Spiels, zum Konditions-, Technik- und Taktiktraining nicht mangelt, existieren für die Sportart Basketball als Inhalt des Schulsports nur wenige ausgearbeitete Vorschläge (vgl. u. a. STEINHÖFER & REMMERT, 1998), die ein Unterrichtskonzept vorlegen, das die unterschiedlichen Schularten mit ihren jeweils gültigen Lehr- oder Bildungsplänen und die verschiedenen Klassenstufen mit einbezieht. Erschwerend kommt hinzu, dass die Kulturhoheit der Länder die Konsequenz hat, dass die verschiedenen Bundesländer eigene Richtlinien haben, denen Unterrichtskonzepte für einzelne Sportarten Rechnung tragen müssen, gleichwohl durchaus vergleichbare Tendenzen erkennbar sind. Zwei Beispiele sollen dies verdeutlichen:

- Seit einigen Jahren muss sich auch der Sportunterricht zunehmend an Bildungsstandards orientieren. Bildungsstandards legen fest, über welche fachlichen, personalen, methodischen und sozialen Kompetenzen Schülerinnen und Schüler zu bestimmten Zeitpunkten verfügen sollten. Bildungsstandards existieren für alle Fächer und sind deshalb im Fach Sport auch für einzelne Sportarten und -aktivitäten zu konkretisieren. Für Basketball als Unterrichtsgegenstand hat dies zur Folge, dass die Sportart so aufzubereiten ist, dass zum Einen altersgemäße Inhalte in Form von Standards zu entwickeln sind, und andererseits diese sich an dem Merkmal der vertikalen Progression zu orientieren haben.

- Nordrhein-Westfalen verfügt über Richtlinien, die im Sportunterricht von 9 Bewegungsfeldern ausgehen (MSWWT 1999, XXXVII), welche sich wiederum an 6 pädagogischen Perspektiven orientieren (KURZ, 1998, 43). Basketball ist im Inhaltsbereich „Spielen in und mit Regelstrukturen – Sportspiele" anzusiedeln und kann unter verschiedenen Sinnrichtungen betrieben werden. Dies bedeutet, dass für eine spezifische Vermittlungsstrategie auch die Frage nach möglichen Sinnrichtungen zu diskutieren, zumindest aber eine Entscheidung für eine oder mehrere Sinnrichtungen zu treffen ist.

Ähnliche Zielsetzungen sowie Sportartengruppen bzw. Bewegungsfelder lassen sich auch für die anderen Bundesländer finden (vgl. zusammenfassend SCHÜLTING-ENKLER, 2003).

Fasst man alle Überlegungen zur Entwicklung und Struktur des Basketballs sowie zu den bildungspolitischen Vorgaben in didaktisch-methodische Prinzipien für einen Basketball-Unterricht zusammen, dann ist dieses Buch auf der folgenden Grundphilosophie aufgebaut:

1. Die **Doppelstunde Basketball** verfolgt das Ziel, Unterrichtskonzepte und -hilfen für möglichst viele Schularten und Klassenstufen zu präsentieren und hierbei unterschiedlichsten bildungspolitischen Vorgaben gerecht zu werden. Dies hat allerdings zur Konsequenz, dass lediglich ein Kernbereich für den Basketballunterricht abgedeckt werden kann, der die Sinnrichtung Leistung, Training & Wettkampf repräsentiert. Dennoch bieten die Doppelstunden genügend Ansätze und Themen, Basketballeinheiten aus der Perspektive weiterer Sinnrichtungen zu modifizieren, auch um letztendlich Schulcurricula zu entwickeln.

2. In verschiedenen Standardwerken zur Vermittlung von Sportspielen (ROTH, MEMMERT & SCHUBERT, 2006; KÖNIG, MEMMERT, NAGEL, ROTH & ZENTGRAF, 2002; ROTH, KRÖGER & MEMMERT, 2002) wurden drei Reihungsprinzipien für die Vermittlung von Sportspielen vorgestellt, von denen zumindest zwei auch in der **Doppelstunde Basketball** Anwendung finden:

- ***1. Reihungsprinzip „Sportspielübergreifende vor sportspielspezifischer Vermittlung":*** Dieses für den gesamten Sportunterricht geltende Prinzip hat für die **Doppelstunde Basketball** eingeschränkte Bedeutung, da es um eine sportspielspezifische Vermittlung geht. Dennoch sind insbesondere bei Anfängern, also vor allem in den Klassen 5 und 6, auch sportspielübergreifende Inhalte von großer Bedeutung, zumal die Bildungspläne verschiedener Bundesländer einen solchen Bereich explizit fordern. Insofern sind die Doppelstunden Basketball auch so konstruiert, dass diese Forderung in Form von kleinen Spielen, von kleinen Sportspielen oder Ball-Koordinationstraining erfüllt wird und diese Inhalte insbesondere in den Aufwärmphasen eingebaut worden sind.

- ***2. Reihungsprinzip „Spielgemäßes vor übungsgemäßem Vorgehen":*** Verschiedenste Untersuchungen aber auch die Meinungen von unterschiedlichen Experten gehen eindeutig in Richtung der Annahme, dass man „Spielen vor allem durch Spielen lernt". Dies hat zur Konsequenz, dass die **Doppelstunde Basketball** einen Schwerpunkt auf Spielen setzt. Dennoch werden auch in angemessenem und variierendem Umfang übungsgemäße Elemente eingebaut, um dem technischen und taktischen Spiel Basketball Rechnung zu tragen. Dies bezüglich ist für eine Umsetzung der Doppelstunden für Lehrkräfte wichtig, dass dieses 2. Prinzip sowohl vertikal als auch horizontal zum Tragen kommt:
  - Eine vertikale Umsetzung bedeutet, dass mit steigendem Alter der Schüler die Anteile übungs- und wettkampfgemäßer Inhalte zunehmen, folglich die Stunden in den Klassen 10 bis 12 durch mehr Übungsanteile gekennzeichnet sind als dies etwa in 5 und 6 der Fall ist.
  - Eine horizontale Umsetzung bedeut, dass bei der Gestaltung einer Unterrichtseinheit über mehrere Wochen sich die Anteile von spiel- und übungsgemäßen Inhalten zu verschieben haben: Während die ersten Stunden eher spielorientiert sein sollten, sind mit zunehmendem Verlauf der Einheit übungsgemäße Anteile zu erhöhen.

- ***3. Reihungsprinzip „Implizites vor explizitem Lernen":*** Neuere Erkenntnisse zeigen, dass freies, unangeleitetes Spielen zu Verbesserungen im technisch-taktischen Handeln führt und insbesondere bei Anfängern bewussten, angeleiteten Vermittlungsprozessen sogar teilweise überlegen ist (Roth, 1996). Für die Gestaltung des Unterrichts bedeutet dies, dass Anfängern auch immer wieder die Gelegenheit zu bieten ist, unangeleitet zu spielen. Auf diese Weise wird das Straßenspiel in den Unterricht hereingeholt und Lehrer sollten deshalb hinsichtlich taktischer Vorgaben oder Erklä-

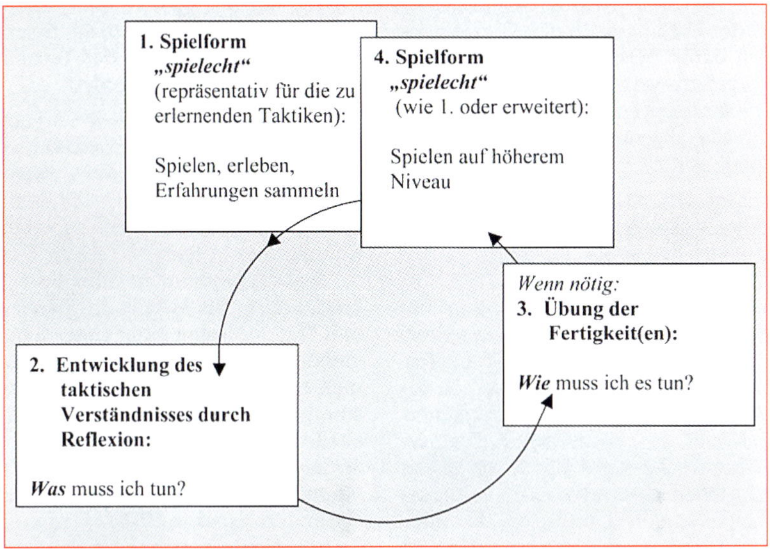

Abb. 1: Das Grundprinzip des TGfU (Wurzel, 2008, S. 343)

rungen zunächst eher zurückhaltend agieren. Mit zunehmendem Können ist ein Erfolg taktischer Lernprozesse aber auch durch explizite Lernprozesse anzustreben. Dies bedeutet (vgl. 2. Reihungsprinzip), dass sowohl in horizontaler wie auch vertikaler Unterrichtsgestaltung erklärende Unterrichtsphasen zu integrieren sind. Zur konkreten Umsetzung hat sich diesbezüglich das Grundprinzip des TGfU (Teaching Games for Understanding) bewährt, das in Abb. 1 dargestellt ist.
Es besagt, dass Lehrkräfte Spielsituation gezielt unterbrechen sollen um sie mit ihren Schülern anhand von Fragen (z. B.: Wie kann man diese Situationen lösen? Warum war gerade diese Lösung gut? Was hätte man besser tun sollen?) zu besprechen. Im TGFU geht man davon aus, dass aufgrund solcher Unterrichtsgespräche taktische Kenntnisse und taktisches Verständnis vermittelt werden. Zusätzlich bieten sie einen nahezu idealen Anknüpfungspunkt für übungsgemäßes Vorgehen bzw. Techniklernen, da Techniken so als Werkzeug für Spielsituationen verstanden werden. Dies ist auch der Grund, warum einzelne Doppelstunden so aufgebaut sind, dass zuerst gespielt, dann geübt und dann wieder gespielt wird.
Dieses methodische Vorgehen soll an einem Beispiel verdeutlicht werden (vgl. Fisette, 2006, S. 269 f.): Ausgangspunkt ist das Spiel 1 – 1 plus 1, Spiel 1 genannt, auf einen Korb (vgl. auch DS 5 und 6). Spielziel und Regeln werden klar vorgegeben, z. B. 2 Punkte für einen Korb, der Gewinner des Rebounds spielt weiter, bei Korberfolg

erneuter Spielstart an einer Linie. Lehrkräfte haben jetzt die Aufgabe das Schülerverhalten genau zu beobachten und nach typischen taktischen Problemen bzw. Lösungen zu suchen. Diese Beobachtungen sind der Ausgangspunkt für gezielte und anregende Fragen, die vorzugsweise mit den Fragewörtern „was, wo, wann, welcher, warum, etc." beginnen; auf diese Weise sollen die Schüler für Lösungen des taktischen Problems sensibilisiert werden. Es wird taktisches Verständnis durch Reflexion entwickelt (vgl. Abb. 1). Anschließend sind Übungen anzubieten, mit Hilfe derer die Schüler die Situation als geschlossene Aufgabe lösen lernen, es steht die Frage nach dem „wie" im Mittelpunkt. Dieser Übungsphase folgt erneut Spiel 1 oder aber ein Spiel auf höherem Niveau, z. B. Spiel 1 – 1 ohne neutralen Anspieler (Spiel 2).

3. In König (1997a) wurde zwischen Spielfähigkeit im weiteren Sinne und Spielfähigkeit im engeren Sinne unterschieden. Während letztere Zielsetzung durch die in (2) genannten Reihungsprinzipien umgesetzt werden kann, erfordert die erste, von Kohl (1992) auch als Mitspielfähigkeit bezeichnet, eigene Unterrichtsprinzipien. Basketball-Unterricht sollte deshalb auch immer wieder verschiedene Handlungspositionen (vgl. Kurz, 1990) für Schüler thematisieren, also Situationen schaffen, in denen Schüler organisieren (z. B. kleine Turniere für die Klasse), instruieren (z. B. etwas erklären) oder eigenes sportliches Handeln (z. B. Regeleinhaltung) analysieren müssen. In den Doppelstunden, insbesondere denjenigen für die Klassen 10 – 12 (vgl. auch König, Rogoll & Weinans, 1993), werden hierfür an geeigneten Stellen Vorschläge unterbreitet um letztendlich auch über den Basketball-Unterricht zu einer Handlungsfähigkeit im Sport beizutragen.

3 Hallen, Geräte und Medien

Betrachtet man die Rahmenbedingungen für Sportunterricht insgesamt, spielen Geräte und Medien eine nicht unerhebliche Rolle beim Gelingen oder Misslingen von Sportstunden. Gerade in den Sportspielen bereitet die im Schulsport häufig anzutreffende Situation „große Klasse – kleine Halle“ vielen Kollegen Kopfzerbrechen. Verstärkt wird dies häufig durch zu wenig oder schlechte Bälle und zu wenig Körbe. Kein Konzept kann diese Probleme zufrieden stellend lösen. Dennoch: einfache Alternativen ermöglichen häufiger als man denkt authentischen Unterricht. Den Doppelstunden Basketball liegen deshalb folgende Gerätevoraussetzungen zugrunde:

Halle/Spielfeld/Körbe[1]

Geht man davon aus, dass der Mehrzahl der Klassen ein Drittel einer normalen Sporthalle zur Verfügung steht (ca. 14 x 20 m), ergeben sich in Abhängigkeit der Anzahl und der Position der Körbe folgende Möglichkeiten der Spielfeldgestaltung:

1. Befinden sich an den Längsseiten je drei Körbe, lassen sich in dieses Drittel drei Querspielfelder „einzeichnen“, die 6 x 14 Meter groß sind (vgl. auch Steinhöfer & Remmert, 1998, 41). Auf diese Weise können 6 Mannschaften mit je 3 bis 4 Spielern agieren. Rechnet man für jede Mannschaft noch einen oder zwei Spieler zum Wechseln ein, sind die Spielanteile in den Doppelstunden auch in großen Klassen umsetzbar.

2. Sollte dies nicht der Fall sein, dann können jederzeit auch Korbballständer verwendet werden. Sie haben zwar kein Brett, zusätzliche Spielmöglichkeiten heben diesen Nachteil aber auf.

3. Befindet sich nur ein Korb an jeder Stirnseite des Hallendrittels, ist folgendermaßen vorzugehen (vgl. Abb. 2a):

[1] Seit Beginn der Spielzeit 2010 gelten veränderte Regeln für die Spielfeldgestaltung bzw. für die Spielfeldmaße. Sie sind im nationalen Wettkampf-Basketball bis zur Saison 2012 umzusetzen, haben jedoch für den Basketball-Unterricht in der Schule keine Konsequenzen. Das neue Spielfeld ist der Vollständigkeit halber im Glossar (→ *Spielfeld, neu*) dargestellt und erläutert.

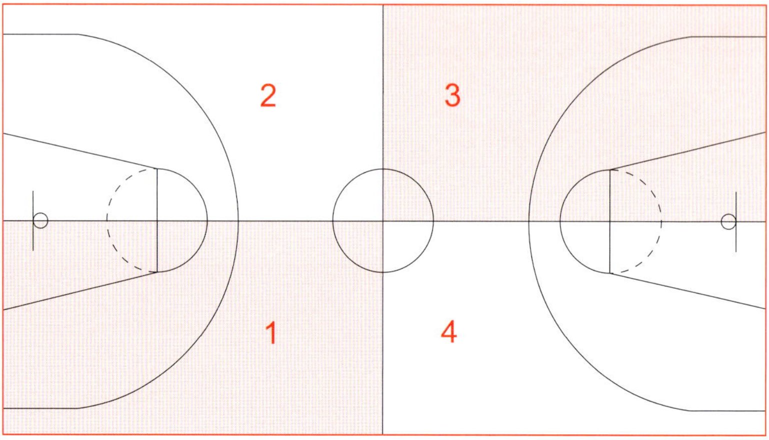

Abb. 2a: „Viertelfelder", die sich aus der Nutzung der Mittellinie und der Korb-Korb-Linie ergeben, in einer Halle mit zwei Körben.

a) Für die in den Doppelstunden vorgeschlagenen Übungsphasen lassen sich vier Spielfelder gegeneinander abgrenzen. Konkret heißt dies, dass zwei Spielfelder und damit zwei Übungsgruppen sich einen Korb teilen müssen. Dies erfordert zwar eine entsprechende zeitliche Koordination der Übungsabläufe, ist mit etwas Erfahrung jedoch durchaus machbar.

b) Für die Spielphasen können je zwei Mannschaften auf einen der beiden Körbe spielen. Als Spielfeld ist der Raum innerhalb der 3-Punkte-Linie zu verwenden. Zusätzlich sollte das dann leere Mittelfeld für ein Querspielfeld (Korbballständer!) verwendet werden.

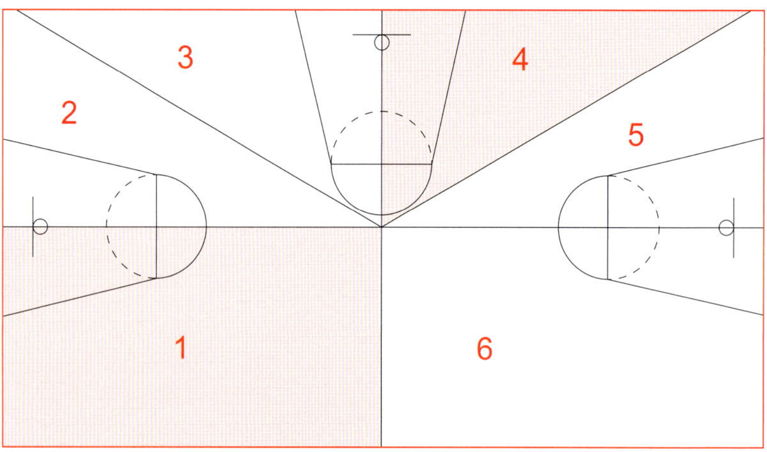

Abb. 2b: „Viertelfelder" in einer Halle mit drei Körben.

4. Hat man zusätzlich noch einen dritten Korb an der Längsseite der Halle, ergeben sich für die Übungsphasen immerhin sechs kleine Spielfelder (vgl. Abb. 2b), wobei wiederum nur ein Korb für zwei Spielfelder da ist. In den Spielphasen ist folglich wie oben zu verfahren, also zwei Spielfelder auf einen Korb sowie ein Querspielfeld auf einen Korb und einen Korbballständer.

   Weiterhin ist es notwendig, dass eine entsprechende Anzahl von **Bällen** (1 Ball pro Schüler), verschiedenfarbige **Markierungshemden** sowie – wenn möglich – eine **Wandtafel** vorhanden sind. Der Unterricht lässt sich dadurch einfacher, effektiver und vor allem übersichtlicher durchführen.

4 Aufbau der Doppelstunden

Den folgenden 18 Doppelstunden liegt eine einheitliche Struktur zugrunde. Sie sind für 80–85 Minuten ausgerichtet und setzen sich aus den folgenden drei Bausteinen zusammen (vgl. Tab. 2):

Tab. 2: Stundenaufbau der Doppelstunden Basketball

Unterrichtsabschnitt	Zeit	Inhalte / Prinzipien
Aufwärmen (warm-up)	20 – 25 Minuten	• Physische und psychische Vorbereitung • Prophylaktische Übungen zur Beweglichkeit und Kräftigung • Allgemeine und sportspielgerichtete Spielfähigkeit
Übungsphase	25 – 30 Minuten	• Einführung und Schulung technisch-taktischer Inhalte • Spielnahe Wettkampfformen
Spielphase Die Spielphase kann auch zweigeteilt werden: • Teil 1 direkt nach dem Aufwärmen • Teil 2 am Ende der Stunde	30 – 35 Minuten	• Basketballspiele auf einen oder zwei Körbe • Unterrichtsprinzip „Spielen lassen" • Handlungspositionen verteilen

Anzumerken ist noch, dass sich die Unterrichtsinhalte hinsichtlich ihres Umfangs an einer fiktiven Durchschnittsklasse der jeweiligen Altersstufe orientieren. Sollte dies zu viel sein, können einzelne Teile in der dritten Sportstunde angeboten werden oder aber aus einer Doppelstunde zwei gemacht werden. Bei zu wenig Angebot empfiehlt es sich, die Spielphasen zu verlängern.

II

Sechs Doppelstunden für die Klassen 5 und 6 (10- bis 12-Jährige)

1 Das Zielspiel Basketball 3 – 3

Wie in der Einleitung beschrieben, steht das „Spielen lernen durch Spielen" im Vordergrund. Nun kann es aber aufgrund des Charakters des Sportspiels Basketball (z. B. viele Spieler auf engem Raum, hohes und kleines Ziel) bei Anfängern schnell zu Überforderungen führen, wenn von Beginn an versucht wird, Basketballspiel in der Endform 5 – 5 zu spielen. Daher wird im vorliegenden Vermittlungskonzept empfohlen, das Spiel 3 – 3 auf einen Korb als Zielspiel für die Klassen 5 und 6 zu wählen (vgl. König 1997b), da es vor allem im Schulsport viele Vorteile gegenüber dem Spiel 5 – 5 bietet:

- Aufgrund der Reduktion der Spielerzahl wird das Spiel für die Schüler übersichtlicher.
- Die Verantwortungsbereiche sind eindeutiger, da das Erkennen von eigenen Fehlern und von Lernerfolgen sowohl für die Schüler als auch für die Lehrer offensichtlicher ist.
- Die einzelnen Spieler haben bessere Entfaltungsmöglichkeiten, da mehr Raum zur Verfügung steht.
- Die Schüler haben mehr Spielanteile, dadurch werden größere Lerneffekte ermöglicht.

Zudem bietet das Spiel 3 – 3 auf einen Korb alle charakteristischen Merkmale des „großen" Spiels und ist auch in kleinen Sporthallen mit vielen Schülern gut zu organisieren. Außerdem verfügt das Spiel 3 – 3 auf einen Korb wegen seiner Parallelen zum Freizeitsport Streetball über einen hohen Aufforderungscharakter bei den meisten Schülern. Dies bedeutet keineswegs, dass in den Klassen 5 und 6 nicht 5 – 5 gespielt werden sollte. Dennoch steht das Spiel 3 – 3 im Vordergrund, da eine bessere Übersicht und eindeutigere Verantwortungsbereiche nicht zuletzt auch dem Lehrer bei der Notengebung helfen.

Damit die oben genannten Vorteile des 3 – 3 gegenüber dem 5 – 5 ausgenutzt werden können, bietet sich für Anfänger die 1 – 2-Aufstellung (s. Abb. 3) auf den *Außenpositionen* als Grundaufstellung an. Wenn sich alle Spieler außen befinden – die 3-Punkte-Linie oder andere sichtbare Markierungen können als Orientierung dienen – ist die

Spielübersicht für alle Mitspieler erleichtert und die Zone für Durchbrüche freigehalten. Das Spiel 1 – 1 als Grundsituation des Basketballspiels wird dadurch erst möglich. Außerdem ist das *Give and Go*, als eine der einfachsten und wichtigsten gruppentaktischen Maßnahmen, durch das Besetzen der Außenpositionen und die Aufhebung einer starren Positionierung erleichtert.

Weitere günstige Aufstellungen ergeben sich, wenn man bestimmte Spiel-Prinzipien berücksichtigt, die im nächsten Kapitel besprochen werden. Durch Rotation und Wieder-Auffüllen von Positionen spielt jeder Spieler auf jeder Position, so dass keine weitere Differenzierung der Spielpositionen notwendig wird. Dadurch werden auch die im Anfängerbereich unerwünschten Spezialisierungen vermieden. Die Abbildungen 3 bis 8 zeigen mögliche Aufstellungen und Rotationen in der 1 – 2-Aufstellung.

1 Abb. 3 – 8 : Mögliche Aufstellung und Rotationen im Spiel 3 – 3 auf den Außenpositionen

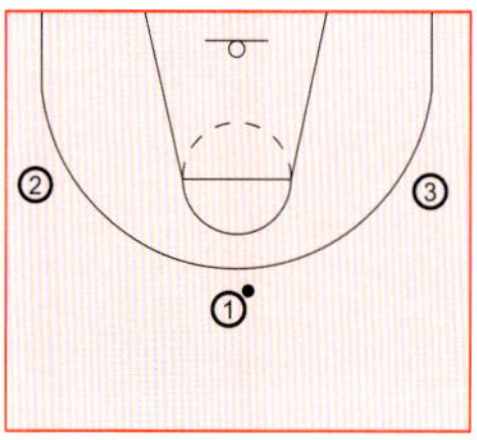

Abb. 3: 1 – 2-Aufstellung: 1 Aufbau, 2 Flügel

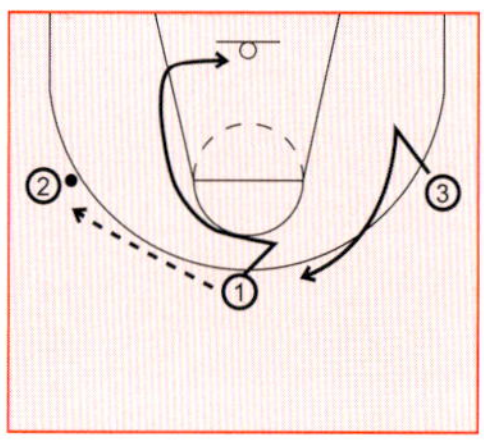

Abb. 4: *Cut* vom Aufbau (1)

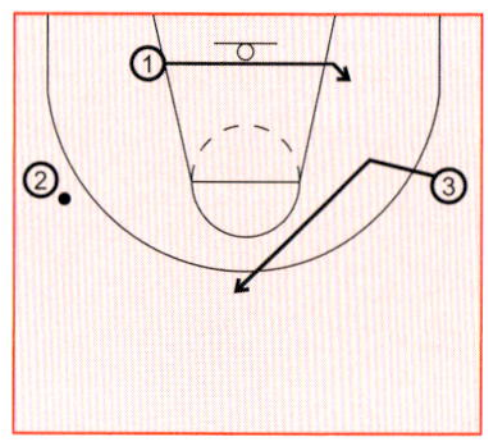

Abb. 5: Flügel (3) füllt auf

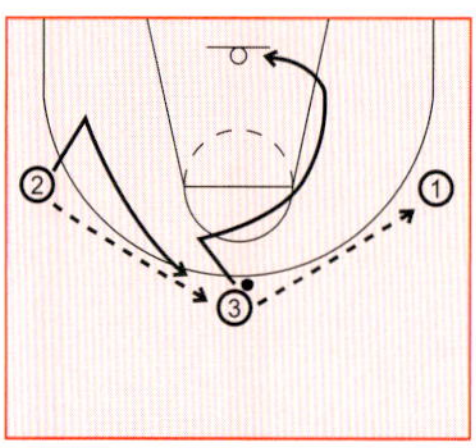

Abb. 6: Fortsetzung von Abbildung 5

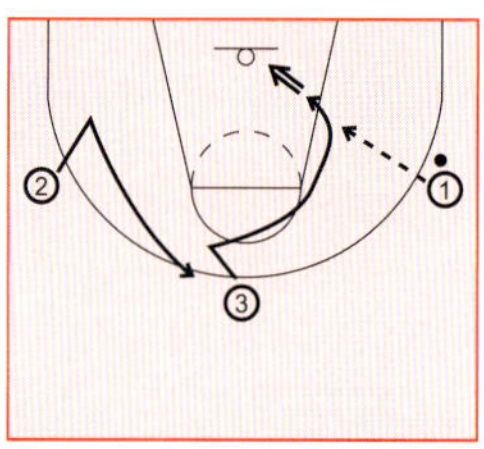

Abb. 7: Fortsetzung mit *Give and Go* zwischen 1 und 3

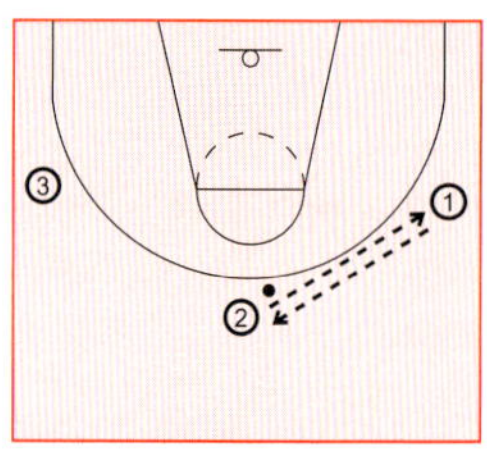

Abb. 8: Mögliche neue 1 – 2-Aufstellung

Als Hilfe für eine erfolgreiche Umsetzung des Spielgedankens dient die Einhaltung der wichtigsten Basketballregeln und das Berücksichtigen von grundlegenden Spiel-Prinzipien. Diese beiden Hilfen werden im Folgenden beschrieben.

Spiel-Prinzipien im Spiel 3–3

Tab. 3: Spiel-Prinzipien im Spiel 3–3

Prinzipien Angriff	Prinzipien Verteidigung
Für Anfänger	
• Spiele so einfach wie möglich • Drehe dich zum Korb nachdem du den Ball erhalten hast *(Facing)* • Nutze den freien Weg zum Korb • Passe nur, wenn dein Mitspieler wirklich frei ist und Blickkontakt besteht • Halte immer genügend Abstand zu allen Mitspielern (ca. 3–4 m) • Schneide nach einem Pass zum Korb und / oder biete dich erneut an.	• Du bist für **einen** Gegenspieler verantwortlich • Versperre immer den Weg zwischen deinem Gegenspieler und dem Korb.
Für Fortgeschrittene	
• 1–1 hat Vorfahrt. Zieht ein Mitspieler mit Ball zum Korb, mache den Weg frei.	• Verhindere einfache Anspiele zu deinem Gegenspieler. • Versuche immer deinen Gegenspieler **und** den Ball zu sehen. • Hilf deinem Mitspieler aus, wenn sein Gegenspieler an ihm vorbei gedribbelt ist.

Mit Spiel-Prinzipien sind hier individualtaktische Maßnahmen gemeint, die den Schülern das Zusammenspiel erleichtern oder dieses erst ermöglichen. Dabei handelt es sich nicht um von vornherein festgelegte Regeln, sondern um Handlungsmöglichkeiten, die den Spielern zur Verfügung stehen. Die wichtigsten Verhaltensweisen (vgl. Tab. 3) sollen im Laufe der Zeit verinnerlicht werden, da deren Anwendung einen wichtigen Teil der spezifischen Spielfähigkeit darstellt. Solche Prinzipien können implizit erworben werden. Sie können aber auch – abhängig von der Gruppe, den Lernfortschritten, den Absichten und Vorlieben des Lehrers und nicht zuletzt abhängig von den zeitlichen Rahmenbedingungen – deduktiv vorgegeben werden.

Regeln für das Spiel 3–3

In der Schule sind für einen geordneten Basketball-Unterricht lediglich fünf Regeln notwendig (vgl. BRAUN 1999):

- **Foulregel:** Basketball in der Schule soll ein möglichst körperloses Spiel sein. Kommt es zwischen zwei Spielern zum Körperkontakt, wird demjenigen das Foul zugeschrieben, welcher für den Körperkontakt verantwortlich ist. Kann keinem die Verantwortung für den Kontakt zugeschrieben werden (Bsp.: Zwei Gegenspieler springen zum Ball und berühren sich dabei), wird auf Weiterspielen entschieden, es sei denn ein Spieler wird bei der Aktion deutlich benachteiligt. In diesem Fall gibt es einen Sprungball.

- **Dribbelregel bzw. Doppeldribbling:** Hat ein Spieler den Ball nach einem Dribbling mit zwei Händen aufgenommen, darf er nicht mehr dribbeln. Ein Dribbling mit zwei Händen ist ebenfalls als Doppeldribbling zu werten.

- **Schrittregel:** Zwei Bodenkontakte mit dem Ball in der Hand – d. h. ein Schritt – sind erlaubt. Vor und nach dem Dribbling dürfen Sternschritte (*Pivots*) gemacht werden, d. h. man darf beliebig viele Schritte mit einem Bein um das festgelegte Standbein herum ausführen.

- **3-sec-Regel:** Ein Spieler der angreifenden Mannschaft darf sich nicht länger als 3 Sekunden am Stück in der gegnerischen Zone aufhalten (vgl. Abb. 9). Danach muss der Spieler die Zone komplett (beide Füße außerhalb der Zone) verlassen.

- **Ausregel:** Ein Ball ist im Aus, wenn …
  a) … er die Auslinie bzw. den Boden außerhalb des Spielfeldes berührt,
  b) … ein Spieler in Ballbesitz die Auslinie berührt oder sich im Aus befindet. Hierzu ist anzumerken, dass das „Auf einer Linie stehen“ für einen Spieler **immer** negativ ist. Bsp.: Ausball, Freiwurf, Einwurf, 3-Punktewurf, Rückspiel, etc.

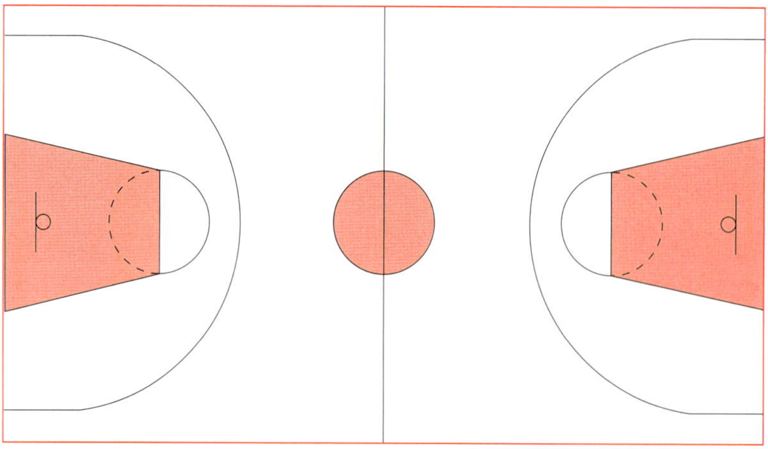

Abb. 9: Das Spielfeld (alte Form) im Basketball. Die Zone ist das rötlich markierte Trapez.

Je nach Ziel der Stunde oder Unterrichtsreihe können weitere Regeln als methodische Mittel eingesetzt werden. Hier sei auf die von Digel (1980) beschriebenen Regeltypen, wie Inventarregeln, Personal-, Raum-, Zeit- und Handlungsregeln hingewiesen.

Prinzipien zur Unterrichtsgestaltung

Das effektive, regelgerechte Umsetzen der Spiel-Prinzipien im Spiel ist neben dem taktischen Verständnis auch vom Beherrschen einiger grundlegender Basketball-Techniken abhängig. Die folgenden 6 Stundenbeispiele beinhalten deshalb neben relativ umfangreichen Spielpassagen auch die Vermittlung der wichtigsten Techniken für 10- bis 12-jährige Anfänger. Diese Techniken werden in den einleitenden Passagen zu jeder Doppelstunde nochmals beschrieben.

In Hinblick auf Unterrichtssprache, Übungsgestaltung, Belastungsdosierung etc. verlangt der Sportunterricht auf der jeweiligen Altersstufe ein angepasstes Lehr- und Lehrerverhalten. Im Folgenden werden deshalb Anregungen für Organisationsformen im Basketballunterricht gegeben und Möglichkeiten aufgezeigt, welche Übungsschwerpunkte in diesem Alter gesetzt werden können:

- Die Geräte und die räumliche Einteilung sollten den körperlichen Voraussetzungen der Kinder anpasst werden:
  - Wahl kleinerer, leichterer Bälle.
  - Üben von Korbwürfen aus unmittelbarer Korbnähe, denkbar auch auf selbst gebaute größere Ziele (Kastenteile o. Ä.). Höhenverstellbare Körbe sind in dieser Altersstufe eigentlich nicht mehr nötig, es sollte lieber mit kleineren und leichteren Bällen auf den normal hohen Korb geworfen werden.

- Sind die Schüler relativ klein und/oder noch nicht kräftig genug, kann bei Korbwürfen auf eine technisch perfekte Ausführung des Wurfes – als einhändiger Wurf in Überkopfhöhe – verzichtet werden. Krafteinsatz, Ziel und Abwurfwinkel zum Brett sind wichtiger.

- Es sollten viele koordinativ anspruchsvolle Übungen zur Vorbereitung des spezifischen Anforderungsprofils im Basketball und zum Zwecke einer allgemein-vielseitigen Grundausbildung ausgewählt werden. Hierfür eignen sich etwa Übungen zur Ballgeschicklichkeit, Staffelspiele und Reaktionsspiele über kurze Distanzen sowie sukzessive wie simultane Bewegungskombinationen (z.B. verschiedene Laufformen kombinieren, Simultanaufgaben wie Laufen und Passen und/oder Dribbeln).

- Zur ganzheitlichen, gesundheitsbewussten Ausbildung sind grundsätzlich Übungen zur Kräftigung mit dem eigenen Körpergewicht und Beweglichkeitsübungen einzuplanen.

- Spiel- und Übungsformen sollten so gestaltet werden, dass hinsichtlich der Spielerzahl und des zur Verfügung stehenden Raums ein erfolgversprechendes Zusammenspiel möglich wird.

- Zudem sollten regelmäßig Spiele und Organisationsformen angeboten werden, die das Wir-Gefühl und die Teamfähigkeit stärken. Genauso sind aber auch gelegentlich Übungen einzubauen, die der natürlichen Ich-Bezogenheit der Kinder gerecht werden.

2 Doppelstunde 1
Passen und Fangen

Das Passen und Fangen steht gezielt am Anfang der Unterrichtsreihe. Grund hierfür ist, dass jegliche Form des Zusammenspiels auf diesen Techniken beruht. Die wesentliche Grundvoraussetzung dafür ist neben dem Beherrschen einer zweckmäßigen Pass- und Fangtechnik vor allem die Verständigung der Spieler untereinander. Alle anderen basketballspezifischen Techniken wie Werfen, Korbleger und Dribbeln sind für das Zusammenspiel zunächst von geringerer Bedeutung. Im Sinne der Verständigung sollte in den ersten Unterrichtsstunden nicht unbedingt der lehrbuchmäßige Erwerb der einzelnen Pass-Techniken im Vordergrund stehen, sondern vielmehr das erfolgreiche Zusammenspiel an sich. Dazu gehören die folgenden kommunikativen Aspekte:

- Passen nur bei Blickkontakt.
- Durch Hochhalten einer Hand signalisieren, wenn man angespielt werden möchte.

Für ein erfolgreiches Zusammenspiel sind immer beide Spieler verantwortlich: der Passgeber und der Passempfänger. Die wesentlichen technischen Komponenten, die die Schüler erlernen müssen, dienen einer möglichst hohen Genauigkeit beim Zuspiel und der Vermeidung von Verletzungen. Für das Fangen sind folgende Bewegungskriterien entscheidend (vgl. Bild. 1):

- Hände auf Brusthöhe und Handflächen zum Ball.
- Daumen zueinander drehen, W-Form zwischen den Zeigefingern und Daumen.
- Spannung in den Fingern.

Die Vermittlung von Passtechniken sollte immer auch in einen spielerisch-taktischen Zusammenhang gestellt werden, da die Anwendung von Brust-, Boden- oder Überkopfpässen immer vom Gegnerverhalten abhängig ist. Als Merksatz kann gelten: „Passe dort vorbei, wo kein Körperteil vom Gegner im Weg ist. Benutze eine Täuschung, wenn notwendig!"

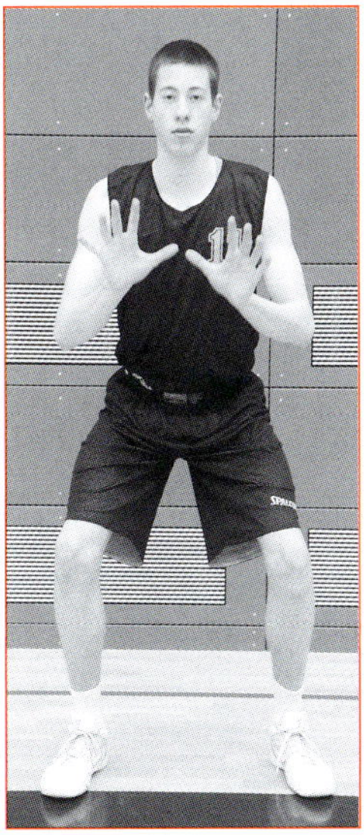

Bild 1: Fangbereite Hände

Im Grundlagenbereich sollten die Pässe immer in Verbindung mit der Basketball-Grundstellung geschult werden. Die Grundstellung ist für das Basketballspiel insofern wichtig, als aus dieser alle ballbezogenen Aktionen (Werfen, Passen, Dribbeln) mehr oder weniger gleich schnell gestartet werden können. Auf folgende Bewegungsanweisungen ist Wert zu legen:

Grundstellung mit Ball (Bild 2)

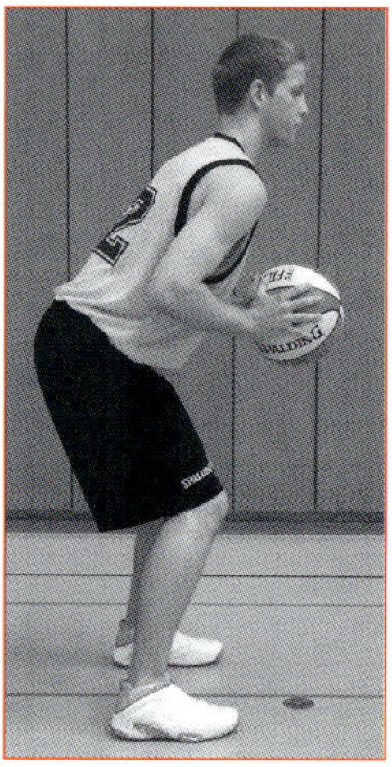

Bild 2: Grundstellung mit Ball

- Deine Füße stehen schulterbreit auseinander.
- Dein Körpergewicht ist auf beiden Füßen gleichmäßig verteilt.
- Deine Sprung-, Knie- und Hüftgelenke sind leicht gebeugt.
- Dein Oberkörper ist aufrecht und du schaust zum Ziel.
- Du hältst den Ball mit gespreizten, angespannten Fingern nah am Körper mit beiden Händen fest.
- Deine Handgelenke sind dabei nach hinten gebeugt.

Bewegungsbeschreibungen

2

(a) Brustpass

- Verlagere das Gewicht mit einem Sternschritt in Passrichtung.
- Strecke die Arme kraftvoll in Passrichtung.
- Klappe am Ende der Armstreckung die Handgelenke aktiv nach außen unten ab. Gib mit den Fingerspitzen dem Ball den letzten Impuls.
- Verlagere zur Unterstützung der Gesamtbewegung das Körpergewicht auf das vordere Bein.
- Nimm nach dem Pass die Grundstellung wieder ein.

(b) Fangen

- Zeige die fangbereiten Hände.
- Spreize die Finger und spanne sie an.
- Deine Daumen und Zeigefinger bilden ein „W".

- Richte deine Arme zum Ball hin aus, lasse deine Ellbogen dabei leicht gebeugt.
- Nimm den Ball mit beiden Händen an, die Handgelenke sind nach hinten gebeugt.
- Ziehe den Ball mit den Armen zum Körper heran (Ball ansaugen).
- Sichere den Ball am Körper und nimm die Grundstellung ein.

(c) Bodenpass

3 2 b+c

Passeinleitung wie beim Brustpass mit folgenden Unterschieden:
- Beuge den Oberkörper in Passrichtung leicht nach vorne unten.
- Spiele den Ball schräg nach unten auf den Boden in Richtung Partner.
- Der Ball sollte nach etwa zwei Dritteln des Weges zum Partner den Boden berühren.

(d) Überkopfpass (vgl. Bild 3 und 4):

4

- Führe den Ball mit beiden Händen nah am Körper über Kopfhöhe.
- Deine Daumen berühren sich fast.
- Deine Ellbogen sind angewinkelt und zeigen nach vorne außen.
- Verlagere das Gewicht mit einem Sternschritt in Passrichtung.
- Strecke die Arme kraftvoll in Passrichtung. Die Hände bleiben dabei über Kopfhöhe.
- Klappe am Ende der Armstrekkung die Handgelenke aktiv nach außen unten ab. Deine Fingerspitzen geben dem Ball den letzten Impuls.
- Verlagere zur Unterstützung der Gesamtbewegung dein Körpergewicht auf das vordere Bein.
- Nimm nach dem Pass die Grundstellung wieder ein.

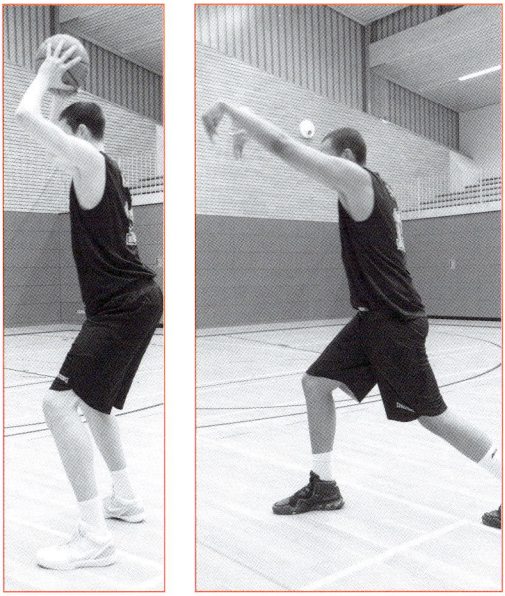

Bild 3 und 4: Ausgangs- und Endposition beim Überkopfpass

Stundenverlauf Doppelstunde 1: *Passen und Fangen*

Stundenabschnitte und Unterrichtsinhalte	Organisatorische Hinweise
Aufwärmphase	
Zahlenpassen mit abschließendem Zielwurf (Abb. 10) Die Schüler passen sich in einer feststehenden Reihenfolge (Nummern) den Ball zu. Nach jedem Pass muss der Schüler um eine vorgegebene Zahl von Markierungen laufen. Auf ein Signal muss der Ball schnellstmöglich in ein vorgegebenes Ziel geworfen werden. Am Anfang sollten akustische, später optische Signale verwendet werden. → Prinzip Passen und Laufen. Regeln: • Kein Dribbling • Kein Kontakt zum Gegner • Wer zuerst trifft, bekommt einen Punkt. Varianten des Zahlenpassens: 1. Passen in der umgekehrten Reihenfolge 2. Wechsel der Passreihenfolge auf Zeichen des Lehrers 3. 2 Bälle pro Gruppe 4. Weitere Zusatzaufgaben nach dem Passen, z. B. Strecksprung, Rolle vorwärts, usw.	Je Feld 2 gleich große Mannschaften, pro Mannschaft 1 Ball. 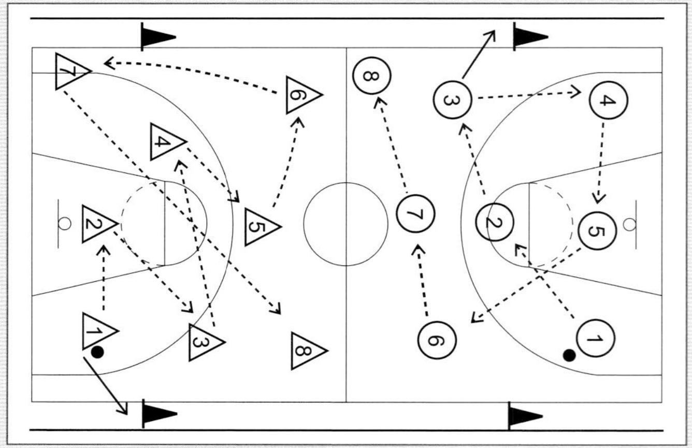 **Abb. 10: Zahlenpassen**
Dehnung / Kräftigung Der Lehrer gibt einzelne Übungen vor und korrigiert.	Kreisform
Zahlenpassen mit Wurf auf der Gegenseite Je Feld spielen 2 gleich große Mannschaften gegeneinander. Jede Mannschaft hat einen Ball. Das Wurfziel befindet sich jetzt aber auf der Gegenseite.	Regeln: • kein Körperkontakt • Verteidigung erlaubt

Stundenabschnitte und Unterrichtsinhalte	Organisatorische Hinweise

Übungsphase

Beidhändiges Passen und Fangen in Gruppen

a) Passen im Dreieck: 3 Schüler stellen sich im Dreieck auf. Sie passen sich 1, später 2 Bälle zu. Nach der Ballannahme wird ein Sternschritt in die neue Pass-Richtung ausgeführt.

Einsatz von visuellen Hilfsmitteln: Bild, Video, CD, Demonstration

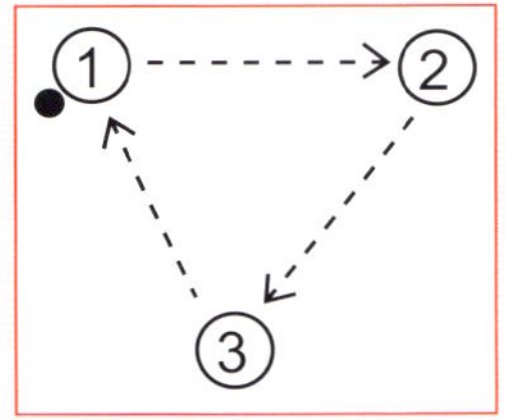

Abb. 11: Passen im Dreieck

b) Passen mit Laufen und Anbieten im Viereck mit 2 Bällen.

- Passen gegenüber, Platzwechsel diagonal (vgl. Abb. 12a/b).

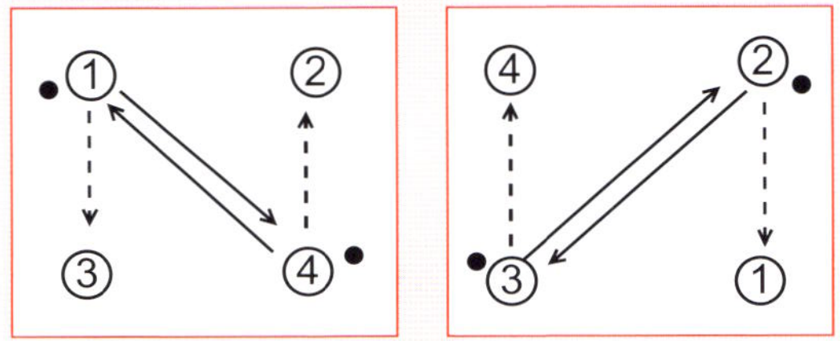

Abb. 12a und 12b: Passen im Viereck

- Variation: Passen diagonal, Platzwechsel gegenüber (vgl. Abb. 13 a/b).

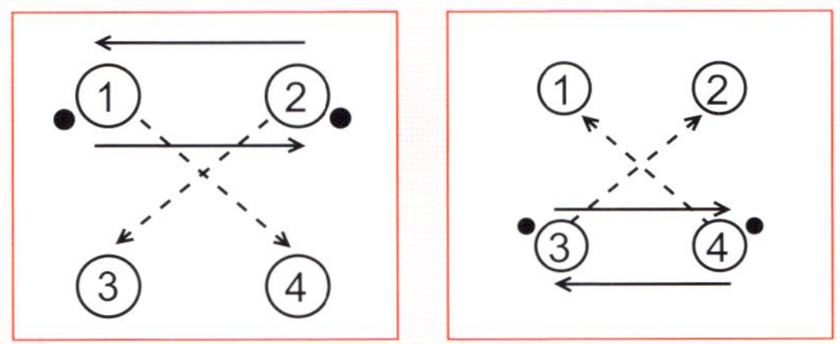

Abb. 13a und b: Variation: Passen im Viereck

Stundenabschnitte und Unterrichtsinhalte	Organisatorische Hinweise
Anwendung des Erlernten in einfacher spielnaher Situation	
a) Passen in der Gruppe als Mannschaftswettbewerb auf der Basis von „Zahlenpassen“: Die Mannschaften versuchen eine mögliche Vorgabe besser als die anderen umzusetzen.	2 bis 3 Gruppen, je Gruppe 2 Teams bilden Mögliche Vorgaben: • Zeitregel: Wer spielt die meisten Pässe in 30 / 60 / 90 Sekunden? • Passzahl: Wer spielt 20, 30, ... Pässe in der kürzesten Zeit? • Passart: Wer spielt 10, 20 Brust- oder Überkopfpässe ohne Fehler?
b) Zehner-Passen: 2 Mannschaften spielen in einem Spielfeld gegeneinander. Die ballbesitzende Mannschaft versucht, 10 Pässe in Folge zu spielen und erhält dafür einen Punkt. Anschließend beginnt eine neue Zehnerserie. Wird der Ball von den Gegnern abgefangen (*Steal*), versuchen diese ihrerseits 10 Pässe zu spielen. Regeln: • Dribbelregel • Foulregel • Schrittregel	Spielfelder vorgeben. Mannschaften markieren. Bei Fehler Wechsel des Ballbesitzes. Es gewinnt die Mannschaft, die zuerst drei Punkte hat.
Spielphase	
Spiel 3–3 auf einen Korb Taktische Hilfen: • Vorgabe der 1 - 2 - Aufstellung • Facing des Spielers mit Ball • Spieler ohne Ball sollten sich freilaufen und anbieten Regeln: • Foulregel • Schrittregel • Dribbelregel • Ausregel Regelvarianten: • Dribbelverbot • Dribbling erst nach *facing* erlaubt	4 bis 6 Mannschaften Spielablauf: Nach Korberfolg wechselt der Ballbesitz. Gestartet wird immer mit einem *Check*: Ein Angreifer übergibt einem Verteidiger den Ball. Erst wenn dieser den Ball zurückpasst, beginnt der Angriff. Ein Korbwurf ist erst möglich, wenn jeder Mitspieler mindestens einmal den Ball berührt hat. Spielvarianten: a) auf Zeit. b) bis zu einer bestimmten Trefferzahl. c) *Make it, take it.* Wer einen Korb erzielt, bleibt in Ballbesitz.

3 Doppelstunde 2: *Dribbling, Stoppen und Pivotieren*

Neben den Würfen ist das Dribbling die Technik mit dem höchsten Aufforderungscharakter im Basketball. Nach dem Schwerpunkt Passen und Fangen, bei dem die Schüler immer wieder den Ball abgeben und sich mit Mitspielern arrangieren müssen, ist das individuelle, konzentrierte Beschäftigen mit dem eigenen Ball sehr willkommen. Daher sollte das Dribbling in vielen beliebigen Formen in jeder Unterrichtsstunde eingesetzt werden, sei es als Aufwärmspiel, als Wettkampfstaffel oder als Ballhandling; hierbei handelt es sich um Übungen ohne Gegenspieler, die meist im Stehen oder Sitzen ausgeführt werden und nicht zwangsläufig im Spiel so vorkommen (wie zum Beispiel das 8er-Dribbling durch die Beine). Es sind Übungen zur Verbesserung der allgemeinen Ballbehandlung und der Ballkoordination. Wesentliche Anweisungen beim Dribbling sind folgende:

- Führe den Ball lange. Je mehr Zeit und Weg der Ball mit Handkontakt zurücklegen muss, desto besser kann er kontrolliert werden.
- Gib viel Druck auf den Ball, um ihn schnell wieder in der Hand zu haben.
- Löse den Blick vom Ball.

Die Schrittregel besagt, dass der Ball die Hand verlassen haben muss, bevor das Standbein den Boden verlässt – oder einfacher: Dribble den Ball mit dem ersten Schritt! Dabei gibt es zwei Möglichkeiten des Dribbelbeginns (vgl. Bild 5 bis 7). 6

Bewegungsbeschreibungen Dribbelbeginn

(a) Kreuzschritt:

- Beginne dein Dribbling mit der rechten Hand; führe dabei mit dem linken Bein den ersten Schritt aus (und umgekehrt). Setze den Ball zeitgleich mit diesem Schritt auf dem Boden auf.
- Führe den Ball hüfthoch vor und neben dem Körper.
- Deine Dribbelhand befindet sich oben hinter dem Ball, die andere Hand schützt den Ball seitlich.

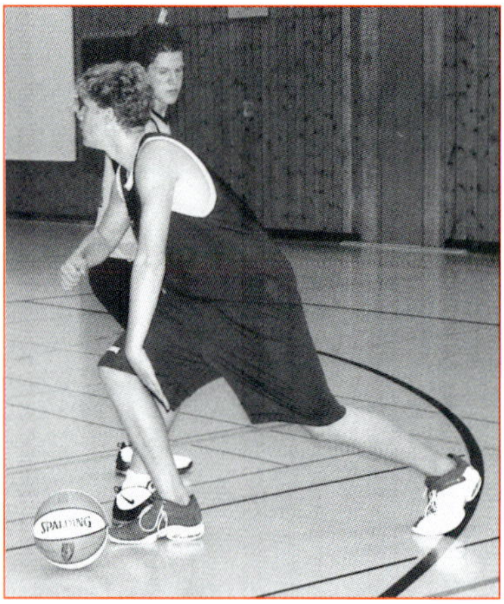

Bild 5: Dribbelbeginn mit Kreuzschritt (rechtes Bein)

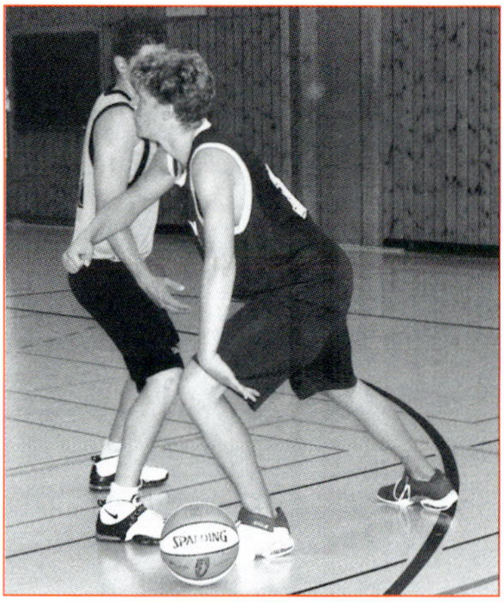

Bild 6: Dribbelbeginn mit Passgang (linkes Bein)

(b) Passgang:

- Beginne dein Dribbling mit der rechten Hand; führe mit dem rechten Bein den ersten Schritt aus (und umgekehrt).
- Setze den Ball seitlich außen (!) neben dem Fuß auf.

Bewegungsbeschreibung Dribbling

- Deine Dribbelhand drückt den Ball kontrolliert nach (vorne) unten.
- Der Ball setzt auf Höhe des Fußes seitlich vom Körper auf.
- Strecke dabei deinen Arm nach unten und klappe am Ende der Streckung dein Handgelenk aktiv nach unten ab.
- Dein Oberarm und dein Ellbogen befinden sich immer nah am Körper.
- Laufe fließend mit dem anderen Bein weiter, während deine Dribbelhand den Ball so früh wie möglich wieder „ansaugt". Deine Fingerspitzen berühren zuerst den Ball.
- Gib dem Ball im Ellbogengelenk nach, bis der Ball sich wieder auf Höhe des Ellbogens befindet.
- Führe die Dribbelbewegung weiter fort.

Wenn eine längere Wegstrecke zurückgelegt werden soll, wird in der Regel das Dribbling aus dem Kreuzschritt angewandt. Das Passgang-Dribbling hingegen wird eher aus taktischen Gründen genutzt, da es die Möglichkeit eröffnet, auch nach einem Sternschritt regelgerecht an beiden Seiten des Verteidigers vorbeidribbeln zu können. Meist wird nach einmaligem Passgang-Dribbling in das einfachere Kreuzschritt-Dribbling gewechselt.

In der Nähe eines Gegenspielers wird der Ball mit der gegnerfernen Hand nah am Körper und seitlich in Hüfthöhe gedribbelt. Der andere Arm sowie die dem Gegner zugewandte Körperseite schützt den Ball (vgl. Bild 7 a+b).

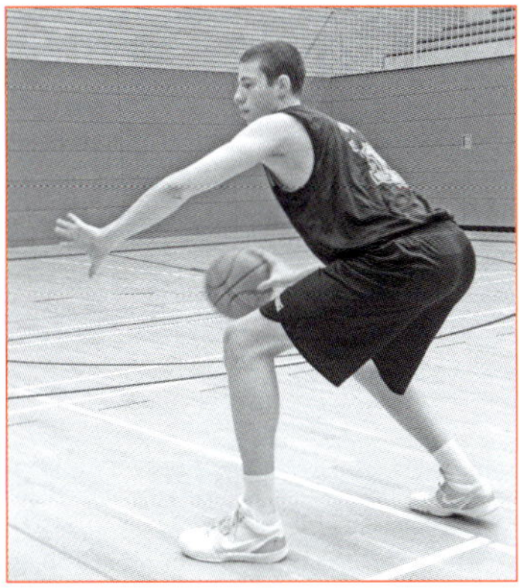

Bild 7a: Grundstellung beim Dribbling

Stoppen:

An dieser Stelle wird die Dribbelregel eingeführt und die Schrittregel wiederholt. Um die Schrittregel bei Dribbelende einzuhalten, ist ein regelgerechtes Stoppen notwendig. Im Basketball gibt es 2 Möglichkeiten des Stoppens mit Ball: den Ein-Kontakt-Stopp, auch Sprungstopp genannt, sowie den Zwei-Kontakt-Stopp, auch Schrittstopp genannt. Beim Ein-Kontakt-Stopp wird mit beiden Füßen gleichzeitig gestoppt, beim Zwei-Kontakt-Stopp wird mit beiden Füßen zeitlich nacheinander gestoppt.

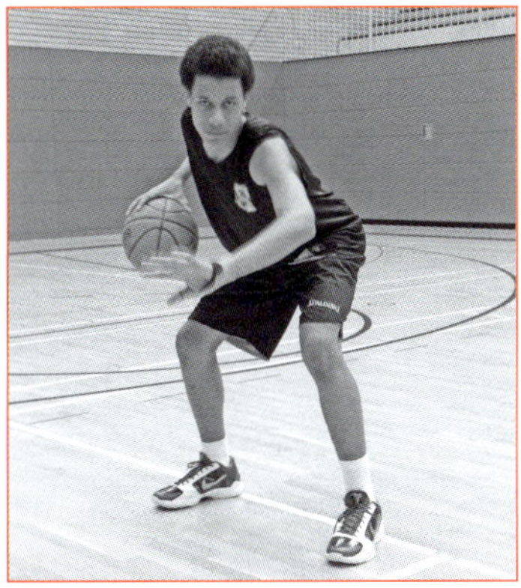

Bild 7b: Grundstellung beim Dribbling

Bewegungsbeschreibungen

(a) Ein-Kontakt-Stopp (Sprungstopp): 7

- Fange den Ball nach dem letzten Dribbling mit beiden Händen und sichere ihn wie in der Grundstellung.
- Setze die Füße etwas mehr als schulterbreit gleichzeitig auf.
- Fange den Schwung in den Sprung-, Knie- und Hüftgelenken ab. Gehe dabei in die Knie, aber lasse den Oberkörper aufrecht.
- Du kannst jetzt dein Standbein bei einem folgenden Sternschritt frei wählen.

(b) Zwei-Kontakt-Stopp (Schrittstopp): 8

- Fange den Ball nach dem letzten Dribbling mit beiden Händen und sichere ihn wie in der Grundstellung.
- Setze die Füße zeitlich nacheinander auf.
- Dein Standbein ist das zuerst aufgesetzte Bein. Ein Sternschritt kann nur mit dem zuletzt aufgesetzten Bein (Spielbein) durchgeführt werden.

Stundenverlauf Doppelstunde 2: *Dribbling, Stoppen und Pivotieren*

Stundenabschnitte und Unterrichtsinhalte	Organisatorische Hinweise
Aufwärmphase	
Liniendribbling Die Schüler dribbeln auf den Linien der Halle und achten darauf, dass sie sich nicht auf diesen Linien begegnen. Variante: a) Beim Wechseln auf eine andere Linie wird auch die Laufart gewechselt. b) Die Schüler laufen neben den Linien und dribbeln den Ball auf den Linien.	Jeder Schüler hat 1 Ball.
Spielerische Übungsformen zum Ballhandling am Ort: • Dribbeln im Sitzen mit gegrätschten Beinen, wobei verschiedene Rhythmusaufgaben zu erfüllen sind. • Dribbeln im Stehen: um das rechte Bein, um das linke Bein, Achter dribbeln um beide Beine.	Schüler in Kreisform oder frontal Lehrer gibt den Rhythmus vor. Beispiele: 1 x rechts von den Beinen, 1 x Mitte, 1x links; 1 – 2 – 1; usw. 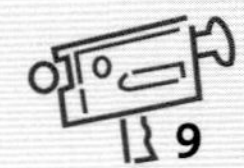
Schattendribbling in der ganzen Halle: Zwei Schüler dribbeln im Abstand von 2 Metern hintereinander her. Der hintere Schüler imitiert alle Aktionen seines Partners. Auf ein Zeichen des Lehrers überholt der Hintermann und gibt die Bewegungen vor.	2 Schüler gehen zusammen, jeder Schüler hat 1 Ball. Ausnutzen der ganzen Halle.
Spielphase 1	
Spiel 3 – 3 auf einen Korb Taktischer Schwerpunkt: richtige Raumaufteilung in der 1 – 2-Aufstellung. Taktische Hilfen: • Blick lösen vom Ball. • Dribble nur um einen Raumgewinn zu erzielen oder deinen Gegenspieler zu schlagen. • Nach Dribbling sicher stoppen und stehen bleiben, wenn nötig Sternschritt benutzen.	4 bis 6 Mannschaften. Wechselmodus wie Doppelstunde *Passen und Fangen*

Stundenabschnitte und Unterrichtsinhalte	Organisatorische Hinweise
Übungsphase	
Einführung: Dribbling, Stoppen und Pivotieren Ziele: Technikvermittlung, Bewegungsvorstellung. Kriterien der Dribbeltechnik: • Einsatz von Handgelenk und Arm • Funktion Schutzhand.	Einsatz von visuellen Hilfsmitteln: Bild, Video, CD oder Demonstration. Dribbelbeginn und Abstoppen mit anschließendem *Sternschritt*
Einfache Übungsformen am Ort und in der Bewegung • Dribbeln in Basketballgrundstellung • Dribbeln in der Bewegung. Verschiedene Aufgaben, z. B. a) Handwechsel vor dem Körper b) Dribbeln mit zwei Bällen.	2 Schüler gehen zusammen, jeder Schüler hat 1 Ball. Alle Übungen mit links und rechts ausführen.
Freies Dribbeln in verschiedenen Räumen • Freies Dribbeln in der Halle mit Aufgaben: Alle Schüler dribbeln in der Halle durcheinander. Auf ein Signal sucht sich jeder Schüler einen Partner. Die Partner dribbeln aufeinander zu und bleiben im Abstand von ca. 1 Meter stehen (weiterdribbeln!). Dann werden die Bälle im Dribbeln getauscht. Weiterdribbeln in der Halle. Die Tauschaktion wiederholt sich bei jedem Signal. • Dribbelbeginn und Dribbelstopp üben: a) Die Schüler stoppen entweder im *1- oder 2-Kontaktstopp* voreinander und tauschen den Ball durch gegenseitiges Zuspiel, dann wird weitergedribbelt. b) wie bei a), allerdings kommt es nach dem Stopp zu einem Dribbelwettkampf 1 – 1 auf engstem Raum. • Spiegeldribbling: 2 Schüler stehen im Abstand von zwei Metern gegenüber. Schüler 1 dribbelt frei, Schüler 2 dribbelt als Spiegelbild.	Weitere Varianten: • Nach dem Tausch soll jeder Schüler einen Korb werfen, erst dann wieder durcheinander dribbeln. • Weiterdribbeln nach Handwechsel. Variante: Nach Stopp macht der Schüler einen Sternschritt (Pivotieren) und passt erst dann zum Partner. Nach Zuspiel ist wiederum ein Korbwurf möglich.
Spielphase 2	
Spiel 3 – 3 auf einen Korb (wie Spielphase 1)	4 bis 6 Mannschaften. Wechselmodus wie Doppelstunde *Passen und Fangen*.

4 Doppelstunde 3: *Korbleger*

Der Korbleger ist im Basketball der häufigste Wurf aus der Bewegung im korbnahen Bereich. Er ist im Wettkampfbasketball wie im Anfängerbereich gleichermaßen wichtig, allerdings wenden Fortgeschrittene und Erwachsene kaum noch den Druckwurfkorbleger an, sondern den Unterhandkorbleger oder andere Variationen bis hin zum Dunking. Gleichwohl ist es sinnvoll, Kindern wegen der noch mangelnden Reichweite und Sprungkraft zunächst den Druckwurfkorbleger beizubringen. Dabei kann die eigentliche Wurfbewegung zunächst vernachlässigt werden. Wichtiger ist das Beherrschen einer regelgerechten Schrittfolge sowie das Abstimmen von Krafteinsatz, Abstand zum Korb und Abwurfrichtung. Die eigentliche Wurfbewegung kann aufgrund der Ähnlichkeit anschließend beim einhändigen Positionswurf intensiv geschult werden.

10 Bewegungsbeschreibung Korbleger

Gestartet wird aus der Grundstellung mit Ball (vgl. Bild 2, S. 32).

(a) Auftaktbewegung: *Zweier-Kontakt*

- Dribble den Ball einmal mit der Außenhand, mache gleichzeitig mit dem inneren Bein einen Schritt zum Korb. Ball und Fuß setzen zeitgleich auf. Schaue immer den Korb an.
- Nimm den Ball in der Luft mit beiden Händen auf, mache anschließend zwei Schritte zum Korb (Kontaktfolge „außen – innen“).
- Springe mit dem inneren Bein zum Korb hin ab.
- Ziehe das äußere Bein nach oben, bis der Oberschenkel parallel zum Boden ist (Schwungbein).
- Zeitgleich mit dem Schwungbeineinsatz führst du den Ball nah am Körper auf der Außenseite hoch.

(b) Wurfbewegung

- Strecke den äußeren Arm (Wurfarm) nach vorne oben. Der Ball liegt auf der Hand. Die (innere) Stützhand sichert seitlich. Ziele auf das kleine Rechteck über dem Korb.

- Klappe das Handgelenk nach vorne ab. Die Fingerspitzen des Zeige- und Mittelfingers geben dem Ball den letzten Impuls. Der Wurfarm ist gestreckt.

(c) Landung

- Lande kontrolliert und weich auf beiden Beinen.

Methodische Hilfen

In der folgenden Doppelstunde wird empfohlen, den Korbleger ganzheitlich einzuführen. Vielen, v. a. kleineren Schülern, fällt es leichter, die Zielbewegung „in einem Fluss" durchzuführen und den Schwung aus dem Zweierkontakt direkt für die nötige Wurfkraft einsetzen zu können. Jüngere Schüler können meist die Grundbewegung *Korbleger mit Zweier-Kontakt* nach einigen Versuchen richtig ausführen. Wenn Schüler dennoch Probleme mit dem Zweier-Kontakt haben sollten, bieten sich folgende methodische Hilfen an:

1) Rhythmus-Schulung ohne Ball: Frei durch die Halle laufen. Nach bewusstem Zweier-Kontakt hochspringen (Arme mitnehmen) und auf beiden Beinen stabil landen. Fortfolgende Wiederholung.

2) Markierungen auf dem Boden anbringen, z.B. Aufkleber (Tape) oder 3 Reifen für die Schrittfolge. In jeden Reifen (auf jede geklebte Stelle) soll ein Schritt gemacht werden. Im letzten Reifen erfolgt der Absprung und die Landung.

3) Ein Schüler hält den Ball über den Zonenrand. Der übende Schüler nimmt Anlauf, übernimmt den Ball und macht danach den Zweier-Kontakt zum Korb. **10 C**

Stundenverlauf Doppelstunde 3: *Korbleger*

Stundenabschnitte und Unterrichtsinhalte	Organisatorische Hinweise
Aufwärmphase	
Passen und Fangen mit zusätzlichen Koordinationsaufgaben:	Jeder Schüler hat 1 Ball. 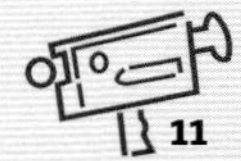
• Ball hochwerfen, aufspringen lassen, darunter durchlaufen und wieder fangen. • Ball hochwerfen, so oft wie möglich darunter durchlaufen und -kriechen. • Ball hochwerfen, verschiedene Klatschaufgaben ausführen und Ball wieder fangen.	
• Schülerpaare stehen sich gegenüber und passen sich gleichzeitig ihre Bälle zu, Schüler A passt direkt, Schüler B indirekt. a) Zusatzaufgabe 1: Vor dem Fangen klatscht jeder Schüler einmal in die Hände.	Schülerpaare bilden eine Gasse.
b) Zusatzaufgabe 2: Schüler A läuft während der Übung zusätzlich auf der Stelle, Schüler B hüpft auf der Stelle.	Auf Signal werden die Passarten und / oder die Bewegungsarten gewechselt.
Spielform „Linien-Basketball“: Zwei Mannschaften (3–4 Schüler) spielen auf Querfeldern gegeneinander und versuchen, jeweils den Ball hinter der gegnerischen Grundlinie abzulegen.	3 Querfelder in einem Hallendrittel. 6 Mannschaften mit je 4 – 5 Schülern
Übungsphase	
Einführung (Druckwurf-)Korbleger mit einmaligem Dribbling	
Ziele: Technikvermittlung, Bewegungsvorstellung des einhändigen Wurfes mit der Außenhand. Korbleger ohne Schrittfehler.	Einsatz von visuellen Hilfsmitteln: Bild, Video, CD, Demonstration. Akustisch-rhythmische Hilfe: Beginnend in der Basketballgrundstellung lautet der Korblegerrhythmus → **„Tipp, eins, zwei, Wurf!“**

Stundenabschnitte und Unterrichtsinhalte	Organisatorische Hinweise
Übungsphase	
Korbleger mit einem Dribbling • Hilfe: Wurfziel ist die obere Ecke des Zielvierecks am Brett. • Anlauf erfolgt in 45°-Winkel zum Brett (s. Abb. 14). • Hinweis: zu Beginn kann ein Wurf mit beiden Händen durchaus zugelassen werden, Ziel sollte jedoch ein Wurf mit einer Hand sein. • Wichtig ist das Üben der Technik von rechts und von links. Wer geworfen hat sichert den Ball und spielt ihn zum nächsten Schüler ohne Ball zurück.	Je Korbanlage arbeiten 4 bis 7 Schüler. 2 Bälle je Korb. Je Korb kann ein Bild vom Ablauf als Orientierungshilfe eingesetzt werden. 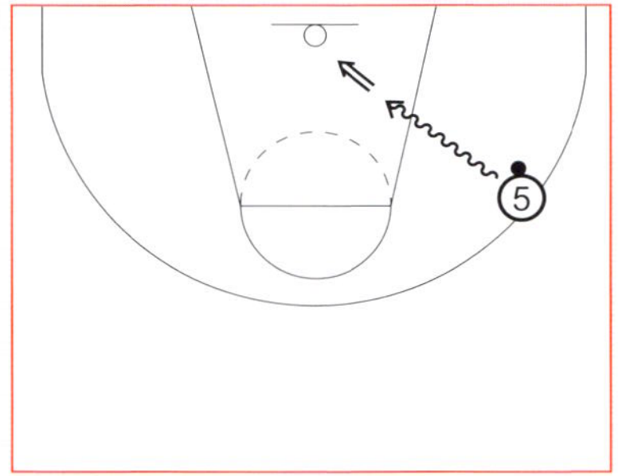 **Abb. 14: Günstige Anlaufposition für Korbleger**
Wurfwettbewerbe mit Korblegern • Wer erzielt am schnellsten 20, 30, ... Körbe ? • Wer erzielt mit den wenigsten Versuchen 20, 30, .. Körbe ? • Wer erzielt die meisten Treffer in Folge ?	Organisation wie oben.
Spielphase	
Spiel 3 – 3 auf einen Korb Hinweis auf einzuhaltende *Mann-Mann-Verteidigung*.	Es sollten etwa 4 bis 6 gleichstarke Mannschaften gebildet werden. Regeln wie in der Stunde zuvor. Zusätzliche Regel: Ein mit Korbleger erzielter Korb zählt doppelt. Regelvarianten: • Dribbelverbot • Dribbling nur erlaubt, wenn der Weg zum Korb frei ist.

5 Doppelstunde 4: *Positionswurf*

Spielt der Positionswurf im Wettkampfspiel Basketball nur noch eine untergeordnete Rolle, so ist er im Anfänger- und Jugendbereich nach wie vor von großer Bedeutung. Er dient als wesentliche Voraussetzung für das Erlernen des Sprungwurfes. Wie schon in der Doppelstunde 3 zum Korbleger erläutert, ist es durchaus sinnvoll, den Positionswurf zeitlich nach dem Korbleger einzuführen. Wurde beim Druckwurfkorbleger noch wenig Wert auf die genaue technische Ausführung der Wurfbewegung gelegt, so steht diese nun im Vordergrund. Es wird deshalb empfohlen, von vornherein den einhändigen Wurf zu schulen. Mit Hilfe von kleineren und leichteren Bällen ist der größte Teil der 10- bis 12-jährigen Kinder in der Lage, den Ball aus naher Distanz mit einer Hand in den Korb zu werfen. Fehlende Kraft kann durch Nachfedern in den Sprunggelenken oder durch leichtes Springen ausgeglichen werden.

Bewegungsbeschreibung Positionswurf

12

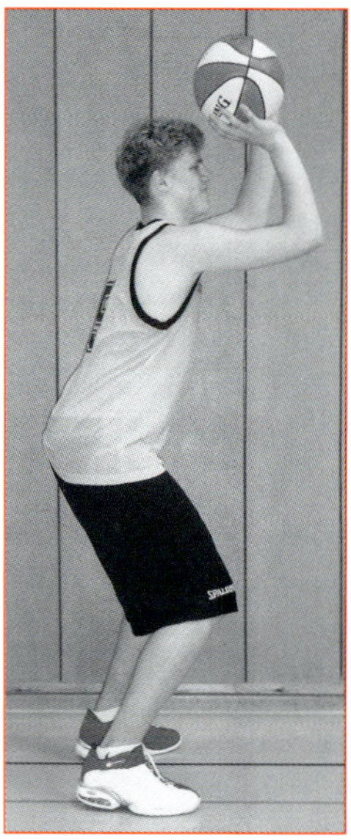

Bild 8: Wurfausgangslage seitlich

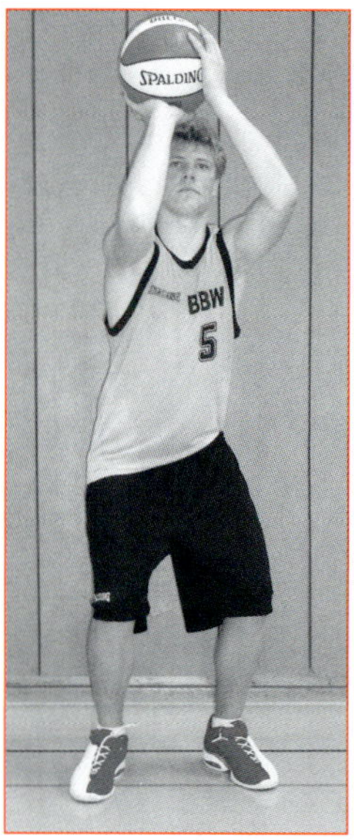

Bild 9: Wurfausgangslage frontal

Gestartet wird aus der Grundstellung mit Ball: Stehe frontal vor dem Korb und schaue den Korb an.

(a) Auftaktbewegung:

- Gehe zum Schwung holen etwas in die Knie, lasse den Oberkörper dabei aufrecht.
- Führe gleichzeitig den Ball mit beiden Händen am Körper nach oben. Bringe dabei die

Wurfhand „hinter unter“ den Ball und lasse das Handgelenk der Wurfhand weiterhin nach hinten gebeugt. Deine Stützhand sichert den Ball seitlich.

- Bringe dabei den Ellbogen der Wurfhand unter den Ball (vgl. Bilder 8 und 9).

(b) Wurfeinleitung / Wurfbewegung:

- Strecke zügig die Fuß- und Kniegelenke.
- Strecke zeitgleich den Wurfarm. Dabei wird der Ball frontal vor dem Kopf nach oben vorne geführt und abgeworfen.
- Klappe am Ende der Wurfarmstreckung das Handgelenk zum Ziel hin ab. Die Fingerspitzen deines Zeige- und Mittelfingers geben dem Ball den letzten Impuls und zeigen nach dem Wurf zum Korb.
- Deine Stützhand verlässt kurz vor der Streckung des Wurfarms den Ball.

(c) Wurfendposition:

- Dein Körper ist komplett gestreckt, du stehst kurz auf den Zehenspitzen.
- Dein Wurfarm ist gestreckt, das Handgelenk zum Korb hin abgeklappt. Die Finger zeigen zum Korb (Giraffenposition, vgl. Bild 11).
- Nimm nach dem Wurf wieder die Grundstellung ein.

Stundenverlauf Doppelstunde 4: *Positionswurf*

Stundenabschnitte und Unterrichtsinhalte	Organisatorische Hinweise
Aufwärmphase	
Spielerische Formen mit Korbleger: • Dribbeln in verschiedenen Fortbewegungsformen (z. B. Laufen, Hopserlauf, Seitgalopp, ...) • Bälle rollen, tippen, balancieren... • Partnerübungen (Kooperationsaufgaben, wie z. B. Schattendribbling, Dribbling nebeneinander, Dribbling mit Handfassen, ...)	Die Schüler erfüllen von der Grundlinie bis zur Mittellinie verschiedene Bewegungsaufgaben. Ab der Mittellinie wird mit der Außenhand zurückgedribbelt und mit Korbleger abgeschlossen (Treffer = 2 Punkte, Ringberührung = 1 Punkt). Spiel bis 10 Punkte. 2–3 Teams an jeder Grundlinie, die die Übung nacheinander absolvieren.
Kräftigung und Dehnen durch Schiebewettkämpfe Beide Schüler dribbeln ihren Ball und führen in folgenden Positionen Schiebewettkämpfe aus: • Rücken an Rücken • Schulter an Schulter • Beide zueinander, freie Hand schiebt an der Schulter • Der Erste schiebt den Zweiten mit den Händen am Rücken.	Zu zweit gegeneinander: Auf „Los“ den Partner so schnell wie möglich hinter eine bestimmte Linie schieben.
Übungsphase	
Einführung des einhändigen Positionswurfes • Positionswürfe zum Partner, z. B. über ein von Korb zu Korb gespanntes Absperrband. • Gerade Positionswürfe gegen die nahe Wand (vgl. Bilder 10 und 11).	Einsatz von visuellen Hilfsmitteln: Bild, Video, CD, Demonstration. Jeder Schüler hat 1 Ball und steht mit dem Gesicht zur Wand (Abstand zur Wand etwas mehr als Oberarmlänge).

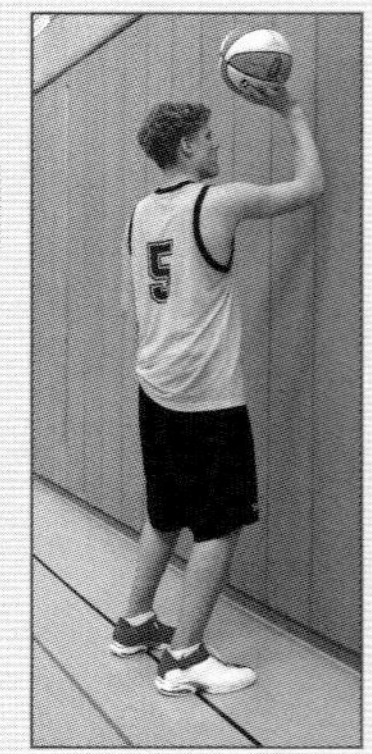

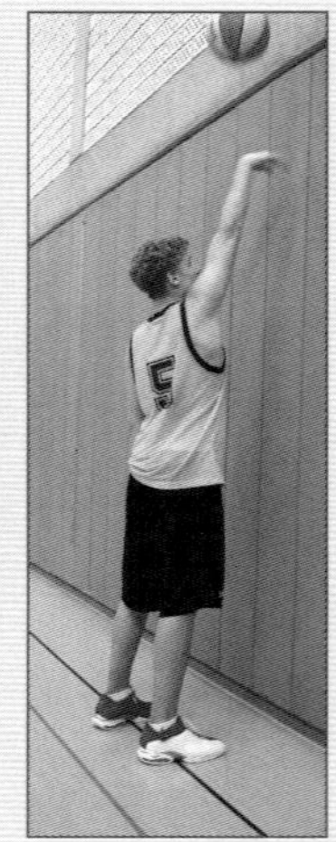

Bild 10/11: Gerades Werfen an der Wand

Stundenabschnitte und Unterrichtsinhalte	Organisatorische Hinweise
Positionswürfe am Korb Zwei Schüler erhalten 1 Ball: 1 *Rebounder*, 1 Werfer für 5 bis 10 Würfe. Die Wurfposition ist ***nah*** am Korb, 45°-Winkel zum Brett. Indirekter Wurf auf den Korb (Ziel: Obere Ecke des Zielrechtecks am Brett).	Die Würfe erfolgen aus Reifen. Etwa ein Drittel der Klasse bekommt Aufgaben zum Positionswurf ohne Korborientierung (z. B. Positionswürfe aus der Rückenlage, Würfe gerade an die Wand, ...) oder andere Bewegungsaufgaben (z. B. Ballhandlingübungen). Nach festgelegter Zeit wird gewechselt.
Wurfwettspiele • Welches Team schafft die meisten Treffer oder Ringberührungen in Folge? • „Reise um die Welt“: 5 – 7 Positionen (Reifen) werden um den Korb herum festgelegt. Die Schüler müssen von jeder Position eine bestimmte Anzahl von Treffern erzielen.	3 bis 4 Schüler bilden ein Team. Jeder Schüler hat nur einen Wurf, holt den eigenen Rebound, passt den Ball seinem nächsten Teamkollegen zu und stellt sich hinten an. Sämtliche Treffer werden laut gezählt. Möglichkeiten: Treffer = 2 Punkte, Ringberührung = 1 Punkt. Die Würfe erfolgen aus Reifen.
• Bump: Der erste Wurf erfolgt immer von der Freiwurflinie. Der Spieler wirft so lange bis er trifft oder sein Nachfolger zeitlich vor diesem trifft (der erste Spieler scheidet dann aus). Nach dem ersten Wurf ist der Abwurfort frei wählbar. Der Zweite darf erst werfen, nachdem der Vorderspieler geworfen hat. Gewinner ist der, der als Letzter übrig ist.	Alle Spieler stehen hintereinander an der Freiwurflinie. Die ersten beiden haben einen Ball. 13
Wurfspiele ohne Zeitdruck • „Wie viele Körbe werft ihr bei 10 Versuchen? Wer schafft die meisten Treffer?“ • „Treffer schätzen“. Die Schüler müssen vor ihren Wurfserien vorhersagen, wie viele Treffer sie von welcher Position erzielen. • „Trefferserie mit eigenem Rebound“. Ein Partner wirft bis er 5, 6, 7, ... Treffer erzielt hat. Der Partner erfüllt in dieser Zeit eine andere Bewegungsaufgabe (z. B. Ballhandling)	Ist der Schwerpunkt die Umsetzung der Wurftechnik, so sollten Wurfspiele ohne Zeitdruck durchgeführt werden! Die Bewegungsqualität steht im Vordergrund. Stehen Spaß und Motivation im Vordergrund, oder ist die Konzentrationsfähigkeit der Schüler stark abgesunken, empfehlen sich Wurfspiele unter Zeitdruck.
Schlussteil	
Spiel 3 – 3 auf einen Korb mit Sonderregel Hinweise zur Wurfauswahl: Nur bei guten Möglichkeiten werfen (Entfernung zum Korb, Entfernung zum Gegner, Wurfvorbereitung).	Turnierform: Alle Spiele dauern 5 Minuten (Start gleichzeitig). Nach jedem Treffer darf ein anderer Spieler des Teams einen Positionswurf von einer vorher bestimmten Position durchführen. Bei Erfolg wird der Treffer zum Spielergebnis dazu gezählt.

6 Doppelstunde 5: *Spiel 1–1 mit Schwerpunkt Angriff*

Nahezu alle Spielhandlungen im Basketball, sowohl im Angriff als auch in der Verteidigung, enden irgendwann in der Situation 1–1. Diese stellt die erste Ebene der spezifischen Spielfähigkeit im Basketball dar. Folglich gilt es, diese Grundsituation so früh wie möglich und regelmäßig zu schulen. Im Sinne unserer Vermittlungsstrategie wird deshalb an dieser Stelle direkt mit der gesamten Situation 1–1 gestartet. Allerdings wird das Spiel in dieser Situation auf das Wesentliche beschränkt und soll ohne weitere Anspielstation gespielt werden. Spätestens in den Klassen 7 bis 9 wird das Spiel 1–1 allerdings auf die Situation 1–1+1 positionsspezifisch erweitert. Natürlich werden im weiteren Verlauf dieser Unterrichtsreihe ausgewählte Durchbruchtechniken auch immer wieder 1–0, das heißt ohne Verteidiger, geübt.

Die Einführung in die Situation 1–1 beginnt mit dem Schwerpunkt Angriff. Folgende zwei Gründe sprechen für die gewählte Reihenfolge:

(1) Schüler haben naturgemäß mehr Interesse daran Körbe zu erzielen, als diese zu verhindern.

(2) Zu Beginn sind die Angreifer, wenn die technischen Fertigkeiten mit Ball noch nicht ausreichend beherrscht werden, den Verteidigern unterlegen, weswegen sich zunächst die Angreifer verbessern sollten.

Trotzdem ist das Spielen und Üben in der Situation 1–1 immer im Gesamtzusammenhang Angreifer gegen Verteidiger zu betrachten. Nur wenn gut verteidigt wird, kann der Angriff sich verbessern und umgekehrt. Insofern sollte der Unterricht auch nach einem dialektischen Prinzip aufgebaut sein: Ist der Angriff zu stark, muss die Verteidigung verbessert werden. Erzielen die Angreifer gegen die starke Verteidigung keine Körbe mehr, sollten die Schüler neue Angreifertechniken üben.

Erste Lernziele der folgenden Doppelstunde Einführung in das *Spiel 1 – 1 mit Schwerpunkt Angriff* sind:

- Immer den Korb bedrohen, also Gesicht zum Korb drehen (*Facing*) und Gegenspieler täuschen (*No move without fake*).
- Situationsangemessene Entscheidungen treffen: Entweder schnell zum Korb ziehen, wenn der Weg frei ist, oder werfen, wenn sich der Angreifer unbedrängt in einer erfolgversprechenden Wurfposition befindet.

Grundsätzlich ist darauf zu achten, dass beim Spielen und Üben der Grundsituation 1 – 1 eine hohe Wiederholungshäufigkeit gewährleistet ist. Insofern sind alle vorhandenen Körbe sowie die zur Verfügung stehenden Korbballständer einzusetzen.

Exkurs *Entscheidungstraining*

Aus den vielen Angreifer-Möglichkeiten die Erfolg versprechende auszuwählen ist für viele Anfänger (und auch Fortgeschrittene) schwierig. Gute Spieler haben in ihrer Spielerlaufbahn entweder bewusst oder unbewusst sogenannte *Wenn-Dann-Antizipationsregeln* entwickelt. Anhand weniger Merkmale (z. B. „***Wenn*** der Abstand des Gegners zu groß ist ...") hat ein guter Spieler eine adäquate Lösung parat („... ***dann*** werfe ich!"). *Wenn-Dann-Regeln* helfen, schnellstmöglichst (gute) Antworten auf das Verteidiger-Verhalten zu finden. Dies setzt die bewusste Beobachtung des Gegners voraus.

Das *Entscheidungstraining* ist ein methodischer Weg, *Wenn-Dann-Regeln* bewusst zu entwickeln. Am Beispiel des 1 – 1 könnte das so aussehen:

1. Zunächst werden im 1 – 0 **zwei** Lösungsmöglichkeiten geübt:
   A) Nach Facing zum Korb ziehen (Korbleger) und
   B) Nach Facing einen Positionswurf machen.
2. Danach gibt in der Übungsform (!) 1 – 1 der Verteidiger den Ton an. Er hat die Aufgabe, sich (über-)deutlich für eine von zwei möglichen Verteidigungshandlungen zu entscheiden. Hier also entweder
   A) Abstand halten (evtl. mit nicht erhobenen Armen) oder
   B) Nah an den Angreifer heranzutreten (mit einer aufrechten Körperhaltung).

Der Angreifer soll so schnell wie möglich eine gute Entscheidung treffen. Der Verteidiger lässt die Folge-Aktion zu. Als Rückmeldung für den Angreifer darf dem Verteidiger erlaubt werden, eine „falsche" Entscheidung zu verteidigen.

Das Entscheidungstraining kann eine gute Hilfe im Unterricht sein, wenn:

- Schüler nicht aufmerksam beobachten können;
- sich Schüler sehr überfordert fühlen und nach mehr Hilfe verlangen;
- ein für Schüler hohes Spielniveau besteht (Oberstufe?) und im Unterricht mehr geboten werden soll.

14 Tipp: Nicht zu oft anbieten! Zu viel vom Lehrer gelenkte Aufmerksamkeit kann blind für andere, auch gute Entscheidungen machen. Außerdem ist dieses Training psychisch (hohe Aufmerksamkeitsleistung) sehr anstrengend und kann zu Motivationsverlust führen.

Stundenverlauf Doppelstunde 5: *1–1 mit Schwerpunkt Angriff*

Stundenabschnitte und Unterrichtsinhalte	Organisatorische Hinweise
Aufwärmphase	
Spiel X – X auf alle Körbe 2 Teams spielen gegeneinander Basketball auf alle verfügbaren Körbe. Jedes Team darf auf jeden Korb werfen. Beobachtungsmerkmale sind die Spiel-Prinzipien (vgl. DS 1). Regeln: • Dribbelverbot • Beachtung der Foulregel • Es gibt kein Aus • Nach Korberfolg erhält die andere Mannschaft den Ball. • Nach einem Treffer muss mindestens für den nächsten Versuch der Korb gewechselt werden. • Bei Regelübertretung erhält das andere Team den Ball und spielt ohne Startzeichen weiter.	Je nach Klassen- und Hallengröße: 2 Teams auf ein Feld oder 4 Teams auf zwei Feldern.
Kräftigen und Dehnen mit Mattenkämpfen • Wer kann sich am schnellsten aus der Bauch- in die Rückenlage drehen? Und umgekehrt? • Wer kommt am schnellsten in die Brücke? • Wer dreht seinen Gegner am schnellsten in die Bauch- bzw. Rückenlage?	Zwei Schüler gegeneinander, z.B. auf einer kleinen Matte. Diese Übungen können auch in Turnierform mit dem Motto: „Der Sieger steigt eine Matte auf!“ organisiert werden. Der Sieger wechselt dann eine Matte weiter und hat immer einen neuen Gegner.
Wurfdrills • Freies Werfen (Positionswurf, Korbleger) auf alle Körbe • Freies Werfen und Korbwechsel nach jedem Wurf • Freiwürfe mit geschlossenen Augen.	Gruppenbildung an den zur Verfügung stehenden Körben.

Stundenabschnitte und Unterrichtsinhalte	Organisatorische Hinweise
Übungsphase	
Einführung in das Spiel 1–1 Ausgangspunkt ist das Spiel 1–1 von einer möglichen Spielposition: Ein Angreifer versucht gegen einen Verteidiger einen Korb zu erzielen. Keine weiteren Anweisungen. Alle „Spiel-Prinzipien“ sollen nacheinander umgesetzt werden (entweder durch Lehrer oder die Schüler selbst). Anmerkung: Oft ist es notwendig, die Verteidigung zu korrigieren. Das Stellungsspiel muss spätestens in diesem Zusammenhang geklärt werden. Rücken zum Korb, Weg zum Korb versperren, optimalen Abstand wählen (Wurf und Durchbruch verhindern).	Spielfeld ist ein Basketball-Viertel (vgl. Abb. 1 und 2). Bevor der Angreifer starten darf, muss er seinem Gegenspieler einmal den Ball übergeben haben (*Check*). Foulregel beachten. Tipp: Anzahl der Dribblings begrenzen. Das Spiel ist dann beendet, wenn der Angreifer einen Korb erzielt hat oder der Verteidiger in Ballbesitz gerät. Dann Wechsel der Aufgaben.
Spielphase	
Spiel 3–3–3 auf einen Korb Drei Teams spielen auf einen Korb: Team A spielt zunächst gegen Team B. Team C wartet an der Grundlinie. Wenn B in Ballbesitz gelangt, wird B zum Angriffsteam und spielt gegen C. Team A verlässt zügig (am besten zur Seite) das Feld. Anschließend spielt C gegen A. Besondere Beobachtungsmerkmale: • Facing • Auf Mitspieler achten • Freien Weg zum Korb nutzen.	Grundprinzip: Die Verteidiger werden zu Angreifern, die Angreifer wechseln aus, neue Verteidiger kommen von der Grundlinie her in das Feld. Das Spiel beginnt immer mit einem *Check*. Gespielt wird bis zu einer festgelegten Zahl von Punkten. Variationen: • Jeder Angreifer muss einmal den Ball berührt haben bevor auf den Korb geworfen werden darf (vgl. S. 36). • Die neuen Angreifer dürfen ohne *Check* starten, der Ball muss sich allerdings vor dem ersten Wurf einmal hinter der 3-Punkte-Linie befunden haben.

7 Doppelstunde 6: *Spiel 1 – 1 mit Schwerpunkt Verteidigung*

Sind die Angreifer den Verteidigern überlegen oder foulen die Verteidiger zu oft, muss die Verteidigung geschult werden. Dabei ist für das Stellungsspiel und das Verteidigerverhalten der „Zustand" des Ballbesitzers entscheidend, wobei zwischen den Situationen „Angreifer vor, während und nach dem Dribbling" unterschieden wird:

- **Vor** einem möglichen Dribbling des Angreifers nimmt sein Verteidiger die Verteidigungs-Grundstellung zwischen ihm und dem Korb ein (vgl. Bild 12 und 13). Der Abstand ist so zu wählen, dass der Verteidiger einen möglichen Durchbruch des Angreifers verhindern kann. Der günstigste Abstand beträgt eine Armlänge. In korbgefährlicher Position muss der Verteidiger einen Wurf auf den Korb verhindern, indem er mit einer Hand die Flugbahn zum Korb versperrt.

- **Während** des Dribblings muss der Verteidiger versuchen, seine Position zwischen dem Angreifer und dem Korb beizubehalten oder ihn sogar vom Korb abzudrängen. Effektive Fortbewegungs-

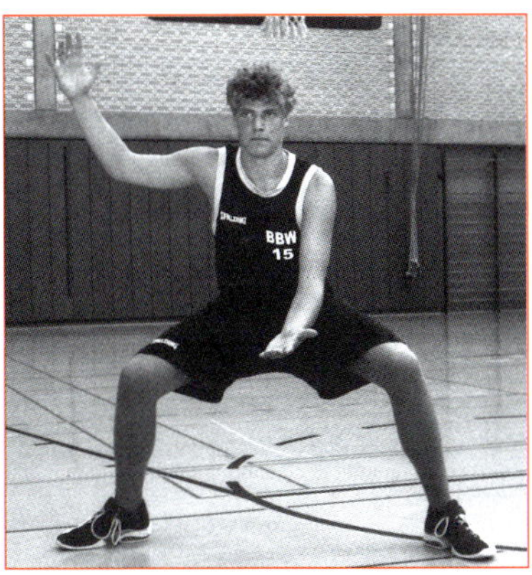

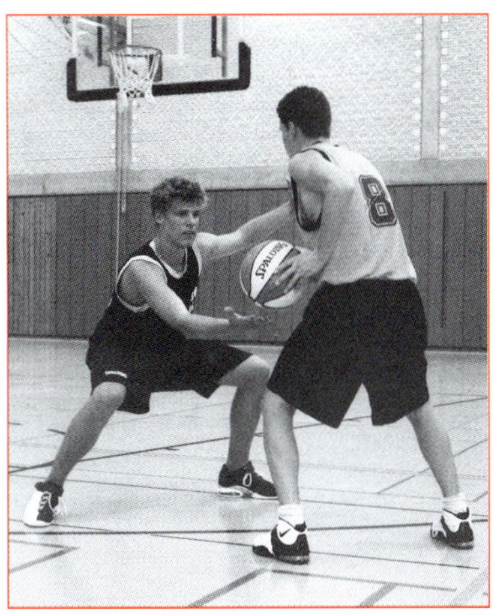

Bild 12 und 13: Verteidigungs-Grundstellung am Ballbesitzer

formen sind Gleitschritte. Dabei ist der Abstand weiterhin so zu halten wie vor Dribbelbeginn.

- **Nach** Beendigung des Dribblings kann der Verteidiger näher an den Angreifer heranrücken um einen Wurf oder Pass zu verhindern.

Wesentliche Lernziele in den ersten Verteidigungs-Stunden sind die folgenden:

- Erkennen der Angreifersituation (vor, während, nach dem Dribbling) und angemessenes Stellungsspiel bzw. Fortbewegung in Gleitschritten.

- Das frühzeitige Erkennen, ab wann die Positionierung nicht mehr günstig ist, also der Angreifer den Verteidiger geschlagen hat (vorbeigedribbelt ist). In diesem Fall muss der Verteidiger von Gleit- zu Sprintschritten übergehen, um den Angreifer wieder einzuholen. Wenn dies geschehen ist, wird die Verteidigungsarbeit wieder mit Gleitschritten weiter geführt.

Stundenverlauf Doppelstunde 6: *Spiel 1–1 mit Schwerpunkt Verteidigung*

Stundenabschnitte und Unterrichtsinhalte	Organisatorische Hinweise
Aufwärmphase	
„Henne und Adler“ Der Adler versucht das letzte Küken zu greifen, die Henne verteidigt ihren Nachwuchs. Variante: Der Adler muss zusätzlich dribbeln (rechts, links, im Wechsel)	6 Schüler spielen zusammen. 4 Küken halten sich hintereinander an der Henne fest (Hände an Hüfte des vorderen Kükens/der Henne). Der Adler steht vor der Henne und versucht durch schnelle Täuschungen das letzte Küken zu greifen. Ist das gelungen erfolgt eine Rotation: neue Henne und neuer Adler.
Körperstabilisierung und Dehnen „Hände abklatschen“: Spieler befinden sich einander gegenüber in Liegestützposition und versuchen sich gegenseitig auf die Hände zu tippen.	Als Wettspiel: Jeweils zwei Schüler gegeneinander. Zeitvorgabe. Wer schafft die meisten Handberührungen?
Spielform Aufsetzerball (1) „Reboundball mit der Wand“: Zwei Teams spielen auf einem Querfeld gegeneinander. Das angreifende Team versucht, den Ball als Aufsetzer an die gegnerische Wand zu werfen und erzielt einen Punkt, wenn der abprallende Ball auf den Boden fällt. Die Verteidigende Mannschaft kann diesen Ball vor dem Bodenkontakt aber noch abfangen.	Drei Querspielfelder, 6 Mannschaften à 4–5 Spieler.
Übungsphase	
Spiel 1–1 in schmalen Spielfeldstreifen (vgl. Abb. 15) Der Angreifer versucht am Verteidiger vorbeizudribbeln. Der Verteidiger will dies verhindern. Lernziele in der ersten Stunde sollten sein: • Position ***vor*** dem Angreifer halten. • Immer den selben Abstand zum Dribbler halten (optimal ist eine Armlänge). • Dribbelt der Angreifer vorbei, Gleitbewegung aufgeben und wieder vor den Dribbler sprinten. Dort die Verteidigungsstellung (Gleitschritte) wieder einnehmen. Da die Verteidigung geübt werden soll, soll das Angreiferverhalten zuerst eingeschränkt und dann sukzessive wieder erweitert werden: Erst „Zick-Zack-Dribbeln“ von einer Aus-Linie zur anderen. Nach erfolgreichem „Vorbeidribbeln“ muss der Angreifer auf der Stelle dribbeln und auf den Verteidiger warten.	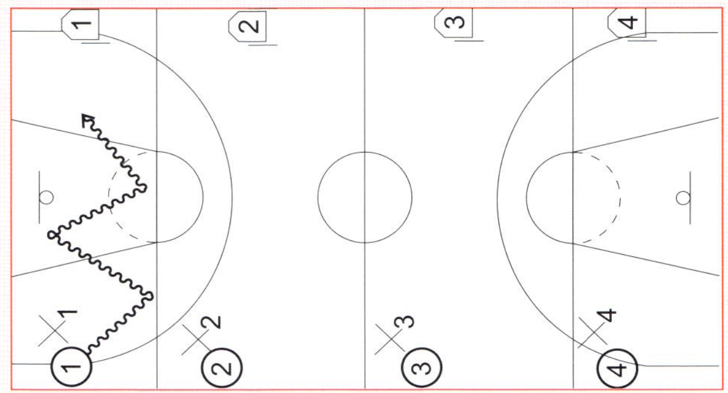 Abb. 15: Spiel 1–1 in schmalen Streifen

Spiel 1 – 1 auf den Korb ab der 3er-Linie

Vor jedem Angriffsbeginn: *Check*
Nach jedem Abschluss wird der Angreifer zum Verteidiger, der Verteidiger nimmt den Ball und stellt sich hinter dem neuen Angreifer an, der bereits an der 3-Punkte-Linie wartet (vgl. Abb. 16).

Organisationsvariante: Wer trifft, darf Angreifer bleiben.

Spiel auf Viertelfeldern mit 4 bis 6 Spielern pro Korb.

Regeln wie beim 1 – 1.

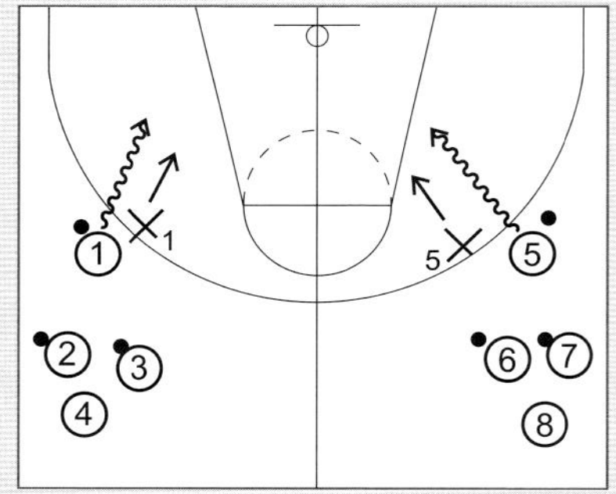

Abb. 16: Spiel 1 – 1

Spiel 1 – 1 „Offener Ball“

Zwei Schüler stehen Schulter an Schulter nebeneinander, mit dem Rücken zum Korb in der Zone. Ein Coach steht an der Grundlinie und wirft / rollt den Ball in das Feld. Nach einem Startsignal kämpfen die Spieler um den Ball. Wer den Ball erhält ist Angreifer, der andere Verteidiger: Spiel 1 – 1 auf den Korb. Nach Wurf und Rebound ist das Spiel beendet. Ein neues Team macht sich bereit.

Spiel 1 – 1 in verschiedenen Varianten

a) Der Angreifer wird festgelegt. Angreifer und Verteidiger laufen nebeneinander von der Grundlinie in Richtung Mittellinie. Auf Zuruf oder Zeichen des Lehrers erfolgt das Spiel 1 – 1 zurück auf den Korb. Auch hier ist ein Spiel auf Viertelfelder möglich.

15 c

b) 1 – 1 mit Nachlaufen: Der Angreifer dribbelt von einer Grundlinie in Richtung gegenüberliegenden Korb. Wenn er die Freiwurflinie mit dem Fuß berührt, darf der Verteidiger loslaufen und ihn verfolgen. Es kommt zum Spiel 1 – 1 auf den zweiten Korb (vgl. Abb. 17).

Variante:
Es wird auf den Korb zurück gespielt, von dem der Angreifer gestartet ist.

15 d

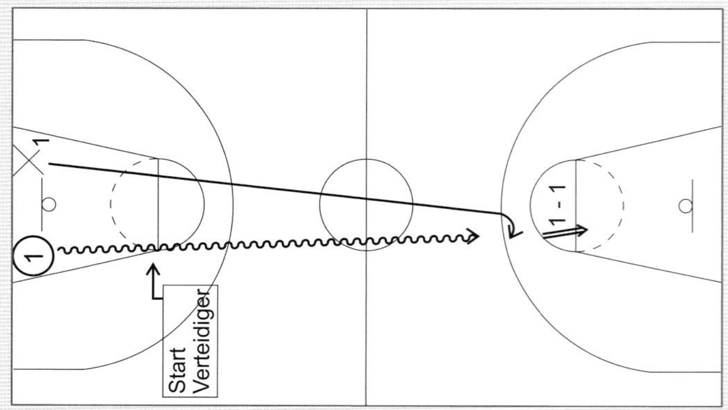

Abb. 17: 1 – 1 Variation b)

Stundenabschnitte und Unterrichtsinhalte	Organisatorische Hinweise
Spielphase	
Spiel 3–3–3 auf einen Korb als Kontinuum (vgl. DS 5) Drei Mannschaften spielen auf einen Korb. Folgender Wechselmodus ist zu beachten: Ist die Verteidigung erfolgreich (Ballverlust der Angreifer o. Ä.), werden die bisherigen Verteidiger die neuen Angreifer und neue Verteidiger kommen von der Grundlinie auf das Spielfeld. Die bisherigen Angreifer verlassen das Feld. Sind allerdings die Angreifer erfolgreich, bleiben sie auf dem Feld und neue Verteidiger kommen von der Grundlinie ins Feld *(Make it, take it)*.	Das Spiel wird auf Zeit oder bis zu einer festgelegten Punktzahl gespielt. Regeln und Prinzipien wie in den Stunden zuvor. Gute Verteidigung und erfolgreicher Angriff werden belohnt. Da das Stellungsspiel in der Verteidigung gegen einen Nicht-Ballbesitzer noch nicht geübt wurde, muss dieses gegebenenfalls erklärt werden (vgl. S. 74–77). Regelvariationen siehe DS 5 (S. 54).

III

Sechs Doppelstunden für die Klassen 7 bis 9 (13- bis 15-Jährige)

1 Vom Spiel 3–3 zum Spiel 4–4

Nachdem in den Klassen 5 und 6 das Basketballspiel bewusst auf die Situation *3–3* auf den *Außenpositionen* beschränkt wurde, wird das Spiel in den Klassen 7 bis 9 um den Einsatz eines Innenspielers *(Center)* erweitert. An den individuellen Spiel-Prinzipien für die Außenspieler ändert sich jedoch nichts, sie haben weiterhin Gültigkeit. Durch das Mitwirken eines Innenspielers erhalten die Außenspieler eine zusätzliche Anspielstation, wodurch sich neue gruppentaktische Handlungsmöglichkeiten eröffnen. Folgende Lernziele stehen deshalb für das Spiel 4–4 und damit für die Klassen 7 bis 9 im Vordergrund:

- **Die Einführung des Centerspiels:** Da sich der Bewegungsraum, das Anbieten und das 1–1-Verhalten auf der Centerposition wesentlich von den Außenpositionen unterscheidet, wird in den Klassen 7 bis 9 zunächst ein Centerspieler integriert. So können sich die Schüler auf die Aufgaben dieser neuen Spielposition konzentrieren, ohne als Innenspieler auf einen zweiten, weiteren Centerspieler Rücksicht nehmen zu müssen. Gleiches gilt in diesem Zusammenhang auch für die drei Außenspieler.

- **Das Kennenlernen der typischen Positionen Aufbau, Flügel, Center:** Die Schüler sollen die Aufgabenbereiche, die Bewegungsräume und spezielle Techniken der einzelnen Positionen kennen lernen sowie auf verschiedenen Angriffspositionen Spielerfahrung sammeln. Es wird aber weiterhin keine Spezialisierung vorgenommen, jeder Schüler sollte nach wie vor auf jeder Spielposition eingesetzt werden.

- **Erweiterung der gruppentaktischen Handlungsmöglichkeiten:** Durch die Erweiterung um die Centerposition bietet es sich nun an, spezielle gruppentaktische Maßnahmen wie das *Give and Go* und das *Two Men Game* (gemeint ist das Zusammenspiel zwischen einem Außen- und einem Innenspieler) einzuführen. Insofern wird das Spiel um einige wesentliche Partnerhilfen erweitert.

- **Vertiefung und Erweiterung der basketballspezifischen Techniken und Taktiken:** Neben einer Vertiefung der in den Klassen 5 und 6 erarbeiteten Techniken wird der Sprungwurf als weitere individuelle Handlungsalternative im Angriff eingeführt. Auf der Ebene der Taktik stehen die Einführung der Grundprinzipien des Schnellangriffs als gruppentaktisches Angriffsmittel im Mittelpunkt des weiteren Vorgehens.

2 Doppelstunde 7: *Freilaufen und Anbieten, Give and Go, Cut and Fill*

Freilaufen und Anbieten

Das Thema Freilaufen und Anbieten wurde indirekt schon in der ersten Doppelstunde Passen und Fangen behandelt. Wurde dort das Freilaufen und Anbieten eher implizit geschult, so sollen nun verstärkt basketballspezifische Bewegungen auf den typischen Angreiferpositionen thematisiert werden. Hierbei steht zunächst die Flügel-Position im Mittelpunkt. Wohl wegen ihrer typisch geradlinigen Laufwege und der zackigen Richtungswechsel werden Freilauf-Bewegungen im Basketball als Schneide-Bewegungen oder als *Cuts* bezeichnet. Als effektiv hat sich erwiesen, das Freilaufen zunächst außen (in der Nähe der 3-Punkte-Linie) zu beginnen. Durch eine Bewegung in die Zone und einen anschließenden Richtungs- und Tempowechsel nach außen, versuchen die Spieler, sich auf der Außenposition frei zu laufen (*In and Out*). Dabei werden die verschiedenen Möglichkeiten von *Cuts* gemäß ihrer Laufwege bezeichnet. Als einfache Beispiele gelten der *I-Cut* oder *V-Cut* (vgl. Abb. 18 und 19).

Wichtig für das Gelingen der *Cuts* sind folgende Grundsätze:

- Sprinte nach der Bewegung in die Zone und dem Richtungswechsel so schnell wie möglich nach außen (vom Innenbein abstoßen und vorwärts heraussprinten).

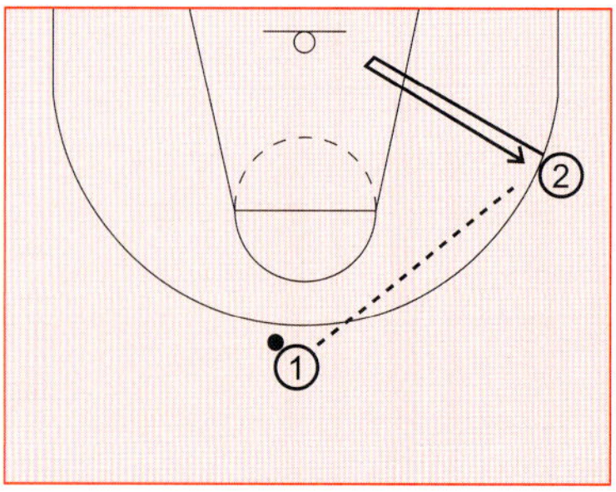

Abb. 18: I-Cut

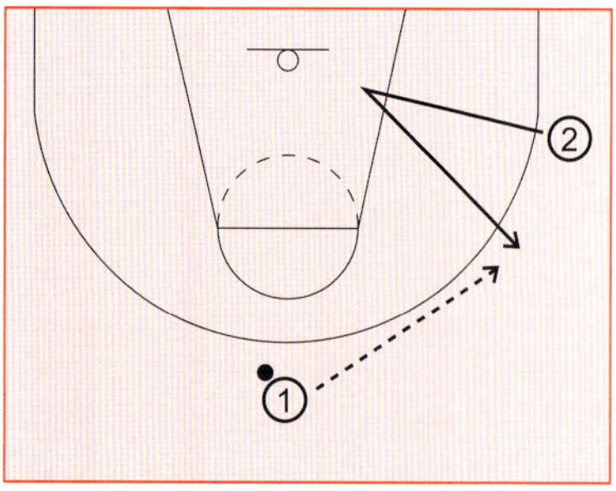

Abb. 19: V-Cut

- Zeige dem Ballbesitzer die Außenhand als Ziel für den Pass.
- Beachte den Abstand zum Passgeber.

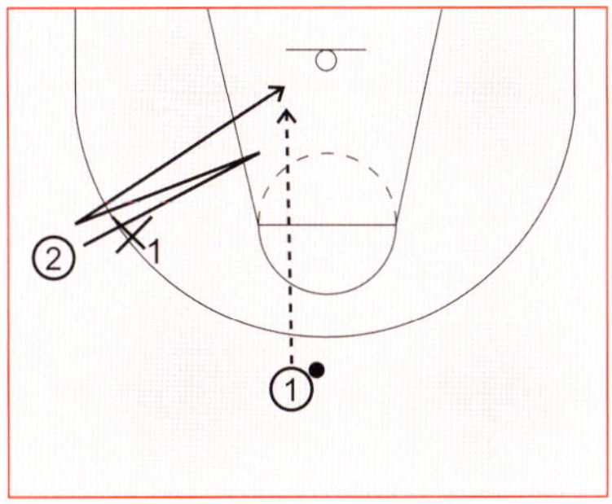

Abb. 20: I-Cut mit anschließendem Backdoor-Cut

Verhindert der Verteidiger das Anspiel außen, so besteht die Möglichkeit wieder schnell „hinter dem Rücken des Verteidigers" (*Backdoor*) zum Korb zu laufen, um dort von Spieler 1, der den Ball so lange hält, angespielt zu werden. Dies ist der einfachste Weg einen Korb zu erzielen, da sich der Angreifer nun in einer 1–0-Situation nah am Korb befindet (s. Abb. 20).

Give and Go

Das *Give and Go* ist ein gruppentaktisches Mittel beim Zusammenspiel zweier Angreifer. Ähnlich dem Doppelpass im Fußball schneidet der Ballbesitzer nach einem Pass zum Mitspieler vor oder hinter dem Gegenspieler zum Korb (vgl. Abb. 21a und b). 16

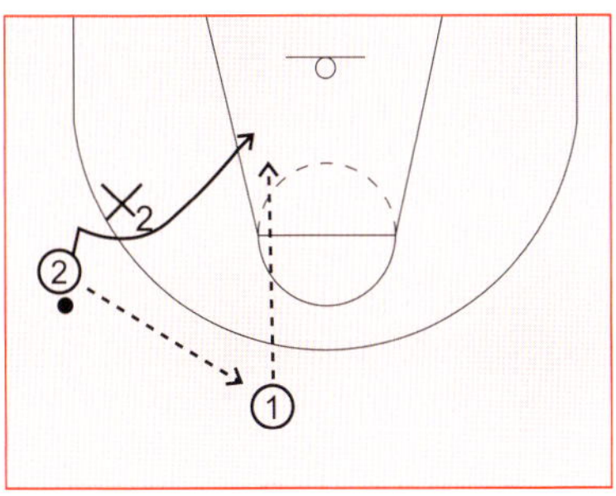

Abb. 21a: Give and Go mit Cut vor dem Verteidiger

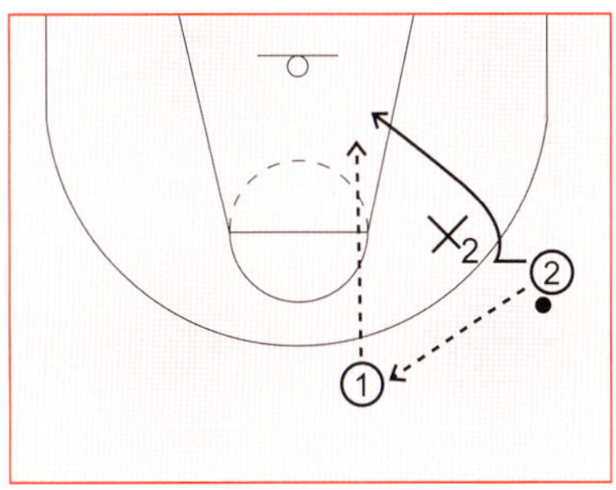

Abb. 21b: Give and Go mit Backdoor-Cut

Die Entscheidung vor oder hinter dem Gegenspieler zum Korb zu schneiden, richtet sich nach der Position des Verteidigers und dem Passabstand zwischen den beiden Angreifern.

Rotation und Auffüllen von Positionen

Im Sinne der bekannten Grundprinzipien läuft der Spieler, der zum Korb schneidet, wieder nach außen, wenn er keinen Pass in Korbnähe erhalten hat. Dabei muss er nicht auf seine alte Position zurücklaufen. Vor allem bei einem *Cut* von der Aufbauposition wäre ein Zurücklaufen durch die Zone ungünstig, da sich der Spieler zu lange in der Mitte aufhalten würde. Um Bewegung in das Spiel zu bringen und immer optimale Passabstände zu haben, wird eine nach einem *Cut* frei gewordene Außenposition vom nächsten Außenspieler durch Rotation wieder aufgefüllt (*Cut and Fill*). Dieses Prinzip ist bereits in den Klassen 5 und 6 eingeführt worden. Es bietet sich aber vor allem bei den Unterrichtsthemen *Cut* und *Give and Go* an, nochmals verstärkt auf die Rotation von Außenspielern im Spiel 3–3 einzugehen. Ein Beispiel für *Cut and Fill* ist in den Abbildungen 3–8 dargestellt (vgl. S. 26).

Stundenverlauf Doppelstunde 7: *Freilaufen und Anbieten, Give and Go und Cut and Fill*

Stundenabschnitte und Unterrichtsinhalte	Organisatorische Hinweise
Aufwärmphase	
Spielform Aufsetzerball (2) auf 2 oder 3 kleinen Querspielfeldern Zwei Mannschaften (3–4 Schüler je Mannschaft) spielen pro Spielfeld gegeneinander. Eine Mannschaft bekommt einen Punkt, wenn ein Spieler den Ball als Aufsetzer an die Wand wirft und der abprallende Ball von einem Mitspieler gefangen wird.	2–3 Querspielfelder. Regeln: ● Es darf nicht gedribbelt werden ● Kein Kontakt zum Gegner
Dehnen / Kräftigen Kräftigung je zwei Übungen Bauch und Rücken, je 8 Wiederholungen.	Kreisform. Lehrer gibt vor und korrigiert.
Übungsphase	
Einführung „Freilaufen und Anbieten auf der Außenposition“ Ziel ist das Erlernen von *In and Out*-Bewegungen (*I-Cut, V-Cut*), um sich vom Verteidiger zu befreien. 17 **a) Übung 1: 1–0+1** („+1“ ist Zuspieler): Die Schüler gehen in 4-er bis 6-er Gruppen auf einem Feldviertel zusammen. Ausgangssituation: Ball beim Zuspieler. Die Flügelspieler führen eine *In and Out*-Bewegung aus und erhalten den Ball. Die Übung wird mit Korbwurf (Positionswurf, Korbleger) abgeschlossen. Schulungsschwerpunkte: ● Lauftechnik: Richtungswechsel! ● Anbieten: Außenhand fordert den Ball ● Anschlussbewegung, z. B. Korbleger	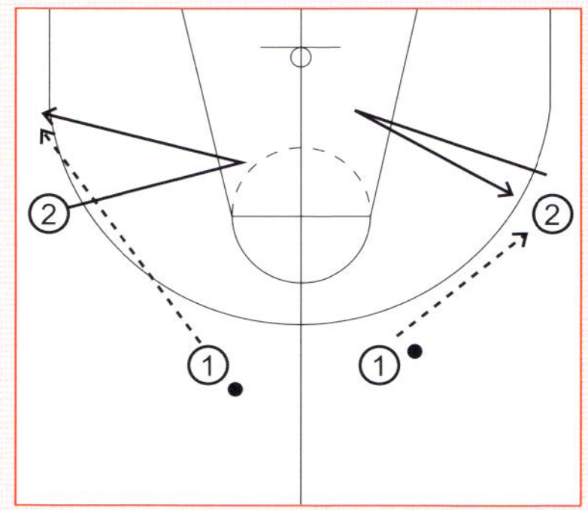 Abb. 22: V-Cut von der Flügelposition

Stundenabschnitte und Unterrichtsinhalte	Organisatorische Hinweise
b) Übung 2: 1 – 0 + 1 mit *Give and Go*: Ziel ist das Erlernen der Schneidebewegungen von den Außenpositionen mit folgendem Ablauf: Pass zum Zuspieler → Täuschung → Ballannahme → Anschlussbewegung, z. B. Korbleger Varianten: • Pass und *Cut* zum Korb • Pass und *Backdoor* zum Korb	Ausgangssituation: Ball beim Flügelspieler (Nr. 2, vgl. Abb. 21a und b). Die Bewegungen sollten von verschiedenen Ausgangspositionen durchgeführt werden!
c) Übung 3: Hinzunahme eines Verteidigers zum Spiel 1 – 1 + 1 Der schneidende Spieler muss sich gegen einen Verteidiger durchsetzen, wobei die 1 – 1-Aktion jetzt von der Aufbauposition gezeigt wird (vgl. Abb. 23). Tipp: Wenn der Angreifer nicht anspielbar ist, sollte er wie beim *I-* oder *V-Cut* wieder nach außen laufen, um dort anspielbar zu sein. Wie beim 1 – 1 kann man auch beim 1 – 1 + 1 Entscheidungstraining anbieten (s. S. 49). Die Entscheidung für einen *Frontcut* oder einen *Backdoor-Cut* ist abhängig vom Stellungsspiel des Verteidigers. **16c/d**	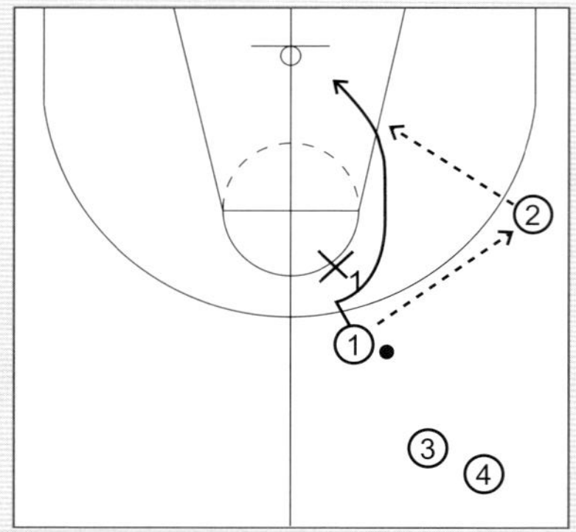 **Abb. 23: *Give and Go* von der Aufbauposition** Spiel auf einem Feldviertel mit den bekannten Regeln. Verteidiger X_1 ist nun aktiv.
d) Übung 4: Situation 3 – 0 auf einen Korb *(Walk Through)* **1**	Die Spieler laufen 3 – 0 alle *Give and Go*-Möglichkeiten mit Wiederauffüllen der Positionen mehrmals ohne Pause durch. Dabei können die Schüler die Rotationen zunächst im Gehtempo „durchlaufen" (= walk through), um die einzelnen Laufwege besser nachvollziehen zu können. Durch mehrmaliges Wiederholen können die Laufwege beim *Give and Go* und dem darauf folgenden *Cut and Fill* verinnerlicht werden.

<table>
<tr><th>Stundenabschnitte und Unterrichtsinhalte</th><th>Organisatorische Hinweise</th></tr>
<tr><td colspan="2">Spielphase</td></tr>
<tr><td>Spiel 3 – 3 auf einen Korb

Spielen mit dem Schwerpunkt Give and Go und den folgenden Regelschwerpunkten:
• Foulregel. Wichtig: Die gefoulten Spieler sagen Fouls an. Die Gegenspieler müssen dies akzeptieren.
• Schrittregel
• Ausregel
• Dribbling ist erlaubt, sollte aber eingeschränkt werden (z. B. 3 Dribblings pro Ballbesitz, Dribbling nur nach Facing, Dribbling nur wenn Weg zum Korb frei).</td><td>Bilden von 4 bis 6 Mannschaften

Regelvariante: Make it, take it</td></tr>
</table>

3 Doppelstunde 8: *Vom Positions- zum Sprungwurf*

Der Sprungwurf ist neben den Korblegern der wichtigste Wurf im Wettkampf-Basketball. Er ist schwer zu verteidigen, da bei entsprechender Beherrschung sogar aus hohem Lauftempo schnell und kontrolliert abgestoppt und geworfen werden kann. Durch den beidbeinigen vertikalen Absprung kann der Schwung aus den Beinen besser für den Wurf genutzt werden. Bei einem optimalen Bewegungsablauf ist die Trefferwahrscheinlichkeit ähnlich hoch wie beim Positionswurf. Voraussetzung für das Erlernen des Sprungwurfes ist das Beherrschen der Stopp-Techniken im Basketball und genügend Kraft im Rumpf-, Schulter- und Armbereich, um den Ball möglichst über Kopfhöhe abwerfen zu können. Angewendet wird der Sprungwurf, wenn sich der Angreifer in Bewegung befindet und der Verteidiger den Weg zum Korb versperrt. Dies kann sowohl nach einem Dribbling als auch nach einem Pass mit direktem Stopp geschehen.

Wie schon bei der Schulung des Korblegers empfehlen wir, den eigentlichen Abwurf zunächst zu vernachlässigen und das Augenmerk eher auf das Abstoppen und den kontrollierten Absprung zu richten. Wenn eine flüssige, kontrollierte Gesamtbewegung erkennbar ist, kann der Wurfbewegung sowie dem besonderen Timing mehr Aufmerksamkeit geschenkt werden.

Als wichtigste Beobachtungsschwerpunkte gelten zu Beginn:

- Lande kontrolliert dort, wo du abgesprungen bist.
- Führe den Ball ***gleichzeitig*** mit der Körperstreckung nah am Körper nach oben.

Bewegungsbeschreibung Sprungwurf ohne Dribbling

18

(a) Grundstellung wie Positionswurf:

- Stehe frontal vor dem Korb und schaue den Korb an.

(b) Auftaktbewegung:

- Gehe zum Schwung holen in die Knie, lasse den Oberkörper dabei aufrecht.
- Springe beidbeinig nach oben ab.

(c) Wurfeinleitung / Wurfbewegung:

- Führe den Ball während des Absprungs und während der Flugphase kontinuierlich mit beiden Händen vor dem Körper bis über Kopfhöhe.
- Wirf den Ball im höchsten Punkt des Sprunges.
- Die Wurfbewegung ist identisch mit der des Positionswurfes.

(d) Landung:

- Lande kontrolliert am Absprungort und nimm die Grundstellung wieder ein.

Stundenverlauf Doppelstunde 8: *Vom Positions- zum Sprungwurf*

Stundenabschnitte und Unterrichtsinhalte	Organisatorische Hinweise
Aufwärmphase	
Dribbling und Korbleger	
Freies Dribbeln in der ganzen Halle. Hinzunahme folgender Zusatzaufgaben: • Schüler, die von einem Mitschüler berührt werden, führen eine kleine Zusatzaufgabe aus (Strecksprung, Lauf zur Wand, Korbleger, ...).	Diese Übung kann auch in mehreren kleineren Feldern durchgeführt werden.
• Korbleger auf alle Körbe. Nach einem Wurf wird der eigene Ball gesichert und das Dribbling fortgesetzt. • Korbleger auf alle Körbe. Nach einem Wurf wird der eigene Ball auf den Boden gelegt und ein anderer geholt. • Kombination beider Formen: bei Treffer Dribbling zum nächsten Korb, bei Fehlwurf den Ball ablegen und einen anderen aufnehmen.	Zwischen zwei Würfen muss die Hallenmitte längs oder quer überquert werden.
Kräftigen und Dehnen	
Gleichzeitiges Schieben / Ziehen und Dribbeln zur Schulung des Gleichgewichts: • Rücken an Rücken • Schulter an Schulter • Linke Hand – linke Hand oder rechts – rechts.	Die Schüler gehen in Zweiergruppen zusammen. Jeder Schüler hat 1 Ball.
Positionswürfe nach einmaligem Dribbling und Einkontaktstopp	
Schüler stoppen nach einem kurzen Dribbling regelgerecht in Korbnähe ab, möglichst im Einkontaktstopp. Dann wird ein Positionswurf ausgeführt. Erneutes Einnehmen der Ausgangsposition mit eigenem Ball.	Pro Korb etwa 4 – 6 Schüler. Jeder Schüler benötigt 1 Ball. Tipp: Erst sicher stehen, dann werfen!
Übungsphase	
Einführung Sprungwurf	
Ziel ist die Vermittlung der Grobform des Sprungwurfes mit einer angemessenen Bewegungsvorstellung.	

Stundenabschnitte und Unterrichtsinhalte	Organisatorische Hinweise
Sprungwurf aus dem Dribbling / aus der Bewegung Am Anfang wird immer in Korbnähe gearbeitet. a) Schüler dribbelt einmal, Ballaufnahme mit beiden Händen, Abstoppen mit Einkontaktstopp. Danach abspringen und werfen. b) Der Ball wird durch einen Mitschüler zugespielt. Ohne Dribbling soll gestoppt werden. Anschließend Sprungwurf.	Gruppen an allen Körben und auf verschiedenen Positionen Einsatz von visuellen Hilfsmitteln: Bild, Video, CD, Demonstration Hinweise: • Die Schüler sollen die Übung immer so schnell ausführen, wie sie kontrolliert springen und werfen können. • Wichtig: Die Landung muss auf dem Absprungpunkt erfolgen. • Von verschiedenen Positionen und mit verschiedenen Passwinkeln arbeiten!
Sprungwurf aus der Bewegung Der Sprungwurf wird jetzt nach mehrmaligem Dribbling und anschließendem Abstoppen ausgeführt (Dribbling mit der Außenhand, Wurf mit der Wurfhand)	Organisation wie oben Hinweis: • Die Schüler sollen den Übergang von Stoppen, Springen und Werfen immer flüssiger ausführen.
Spielphase 1	
Spiel 3 – 3 – 3 auf zwei Körbe als Kontinuumspiel Sprungwurf wird besonders belohnt. Eventuell sollte das *Give and Go* im Spiel 3 – 0 *Walk Through* nochmals in Verbindung mit Sprungwürfen wiederholt werden. Regeln: Die „5 Regeln des Basketball“ sowie eine eingeschränkte Dribbelregel (z. B. 3 Dribblings pro Ballbesitz und Spieler). Der Gefoulte sagt das Foul an, dies **muss** vom Gegner akzeptiert werden! Regelvariante: *Make it, take it.*	3 bis 6 Mannschaften Organisation: Team A spielt gegen Team B auf einen Korb. Gelangt Team B in Ballbesitz, spielt Team B gegen Team C, welches am gegenüberliegenden Korb bereits wartet. Team A wartet am „alten“ Korb auf Team C. Variation: Wenn mehr als 3 Teams spielen, verlässt Team A nach Ballverlust das Feld, Team D nimmt den Platz von Team A ein, usw.

4 Doppelstunde 9: *Verteidigung V_B, V_1 und V_2*

Die Grundlagen der Verteidigung am Ballbesitzer (V_B) wurden bereits in der Doppelstunde 6 *Spiel 1–1 mit Schwerpunkt Verteidigung* in den Klassen 5 und 6 eingeführt. Als Ergänzung wird nun die Verteidigung im ersten und zweiten Passweg vermittelt. Was heißt das? Bis zum jetzigen Zeitpunkt lautete die zu erfüllende Aufgabe: „Versperre deinem Gegenspieler immer den direkten Weg zum Korb, egal ob er in Ballbesitz ist oder nicht." Im Unterschied zur Verteidigung am Ballbesitzer, bei der der Verteidiger „nur" den Weg zum Korb versperren muss, verändern sich die Aufgaben, wenn die direkten Gegenspieler keinen Ball haben. Je nach Entfernung des Gegenspielers zum Ball wird zwischen zwei weiteren Verteidigungssituationen unterschieden:

- Verteidigung V_1: Der direkte Gegenspieler steht nur einen Passweg vom Ballbesitzer entfernt.
- Verteidigung V_2: Der direkte Gegenspieler steht zwei Passwege entfernt.

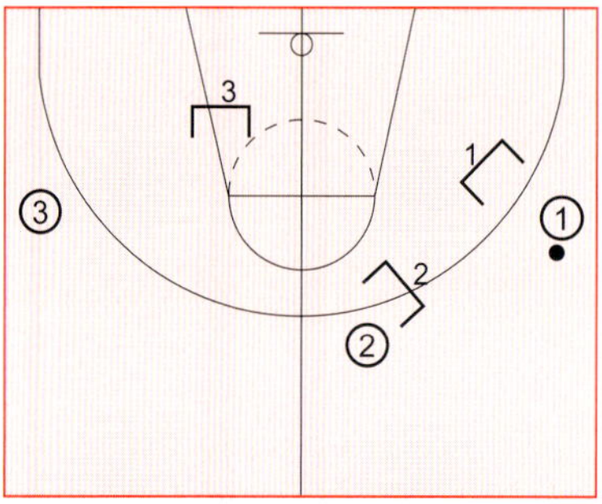

Abb. 24: Die Verteidigungssituationen im Basketball

In Abbildung 24 sind nochmals die verschiedenen Situationen in der Verteidigung skizziert. Verteidiger 1 steht in der Situation V_B (Verteidigung am Ball), Verteidiger 2 im ersten (V_1) und Verteidiger 3 im zweiten (V_2) Passweg.

Verteidigung des ersten (V_1) und zweiten (V_2) Passwegs

V_1: Ist der direkte Gegenspieler nur einen Passweg (V_1) vom Ballbesitzer entfernt und die Passentfernung ist günstig, hat der Verteidiger zwei Aufgaben: Er muss zum einen ein Anspiel an seinen Gegenspieler verhindern, zum anderen aber auch dessen Laufweg zum Korb versperren. Dazu ist ein anderes Stellungsspiel als gegen einen Ballbesitzer notwendig. Der Verteidiger versucht deshalb, mit ca. einer Armlänge Abstand ein Anspiel zu verhindern. Dabei sollte er so stehen, dass er seinen eigenen Gegenspieler und den Ballbesitzer sehen kann (vgl. Abb. 24). Folgende Merkmale sind zu beachten:

- Der Oberkörper des Verteidigers zeigt zum Gegenspieler (*Deny-Verteidigung*).
- Der Kopf und damit die Körpermitte befindet sich immer auf Höhe der Innenschulter des Angreifers (der Verteidiger steht in der Regel ca. eine halben Schritt näher an der Grundlinie als der Angreifer). Zusätzlich hält er einen Arm mit der Handfläche zum Ball in den möglichen Passweg (Pass-Strahl). Der Verteidiger muss demnach seine Position zwischen Gegenspieler und Korb in Richtung Ball verschieben, ohne dem Gegenspieler den direkten Weg zum Korb ganz zu öffnen (vgl. Bild 14 und 15).

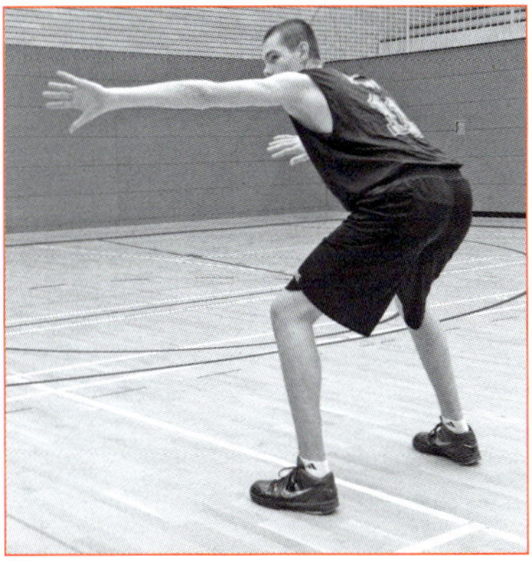

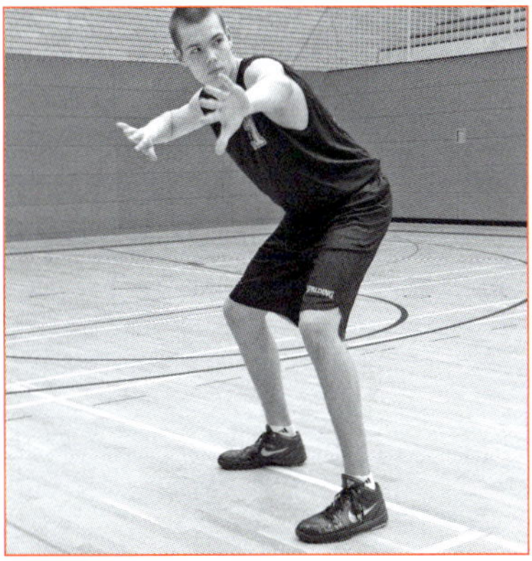

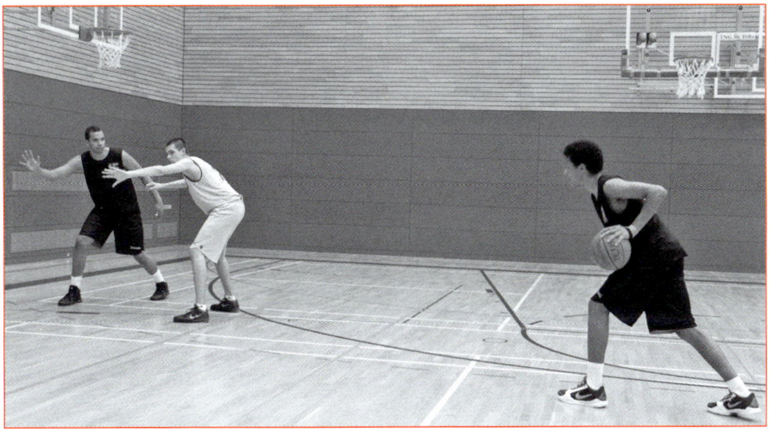

Bild 14 und 15: Abwehrhaltung in der Situation V_1

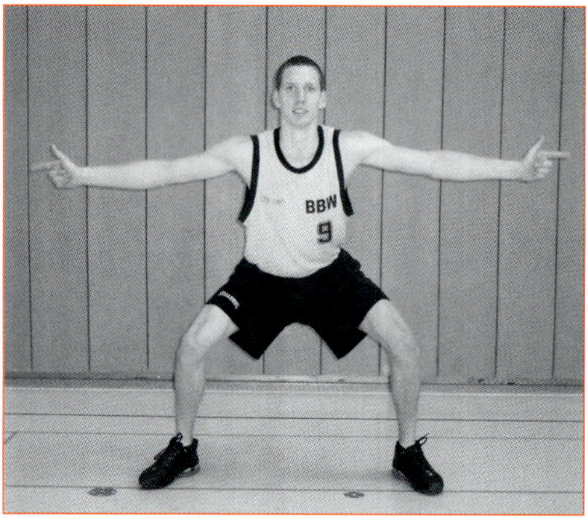

Bild 16 und 17: Verteidigung im 2. Passweg (V_2)

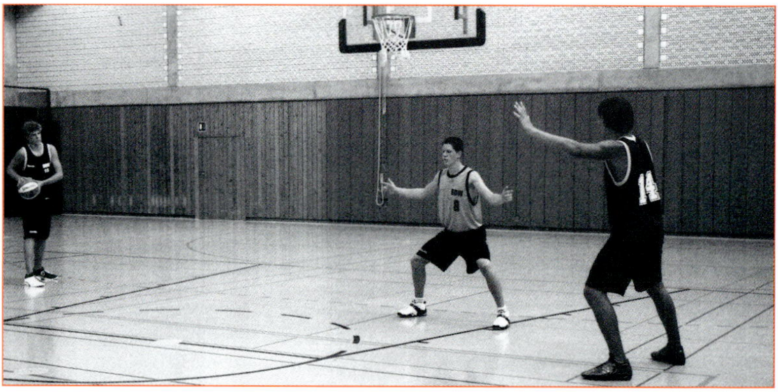

Ein Fehler, der häufig bei Anfängern in der Situation V_1 auftritt, ist folgendes Verhalten: Die Verteidiger im ersten Passweg riskieren zu viel und wollen unbedingt den Pass abfangen. Das Problem ist, dass der Gegenspieler dann zum Korb schneiden und frei angespielt werden kann. Wenn der Verteidiger den Ball verpasst und deshalb an seinem Gegenspieler „vorbei springt", kann dieser ungehindert zum Korb ziehen. Die Schüler müssen verstehen, dass es immer noch am wichtigsten ist, den Weg zum Korb zu versperren!

V_2: Ist der direkte Gegenspieler zwei Passwege vom Ballbesitzer entfernt (V_2), sinkt der Verteidiger auf der *Angreifer-Korb-Linie* ab, damit er sowohl den Ballbesitzer als auch seinen direkten Gegenspieler sehen kann. Hierbei ist die Grundstellung etwas offener. Das heißt, der Oberkörper ist weder zum Gegenspieler noch zum Ball gedreht. Er versucht peripher gleichzeitig den Ball und den eigenen Gegenspieler wahrzunehmen. Eine Hand zeigt zum Ball, die andere zum Gegenspieler. Diese Position wird auch als *Pistol-Position* bezeichnet (vgl. Bild 16 und 17).

Auch bei der Verteidigung im zweiten Passweg tritt bei Anfängern in der Regel ein Hauptfehler auf: zu Beginn steht der Verteidiger entweder mit dem ganzen Körper zum Ball oder zum Gegenspieler gerichtet. Das heißt, er sieht entweder nur den Ball oder nur den Angreifer. Eine gerne angenommene Hilfe ist deshalb die Erinnerung an die *Pistol-Position*.

Stundenverlauf Doppelstunde 9: *Verteidigung V_B, V_1 und V_2*

Stundenabschnitte und Unterrichtsinhalte	Organisatorische Hinweise
Aufwärmphase	
Bandspiel Die Halle wird in Viertelfelder aufgeteilt. Pro Feld agiert eine Gruppe. Jeder Spieler erhält ein Band / Seil, welches zu 2/3 hinten aus der Hose herausschaut.	Regeln: Ziel ist es, so viele Bänder wie möglich zu erobern. Dabei muss immer mindestens ein Band im Hosenbund hängen – sofern man eines besitzt. Variation: Mit Ball. Dieser muss immer gedribbelt werden.
Dehnen und Kräftigen Je zwei Übungen für Bauch und Rücken, je 8 Wiederholungen	Kreisform, Lehrer gibt die Übungen vor und korrigiert die Schüler.
Spiel 1–1+1 Wiederholung der Prinzipien und des Stellungsspiels bei der Verteidigung gegen den Ballhalter. Wichtige Abschnitte dieser Aufgabe sind das Verhalten vor, während und nach dem Dribbling.	In 4-er bis 6-er Gruppen auf einem Viertelfeld. Raumeinteilung vgl. Doppelstunde *1–1 mit Schwerpunkt Angriff*
Zwei Varianten: • Verteidiger ist nur bis zur Ballannahme aktiv, dann lässt er den Angreifer zum Korb ziehen. • Der Verteidiger ist immer aktiv, d. h. nach der Ballannahme kommt es zum Spiel 1 – 1.	Die Zweikämpfe sollten von verschiedenen Ausgangspositionen begonnen werden.
Übungsphase	
Übungsform 3–3 mit ‚passiven' Angreifern Verteidiger müssen je nach Ballposition die richtige Verteidigungsstellung und -position einnehmen, wobei die Ballposition durch den Lehrer oder einen Schüler vorgegeben wird. Die Angreifer dienen als Orientierungshilfe für die Verteidiger.	6–8 Schüler gehen an einem Korb zu einer Gruppe zusammen. 19

Stundenabschnitte und Unterrichtsinhalte	Organisatorische Hinweise
Variante: Lehrer steht unter dem Korb und passt den Ball einem der drei Angreifer zu, die Verteidiger nehmen möglichst schnell die richtige Verteidigungsposition ein. Nach Korrektur werden die Verteidiger zu den neuen Angreifern und drei neue Verteidiger rotieren herein. Der Ball wird zum Lehrer zurückgespielt.	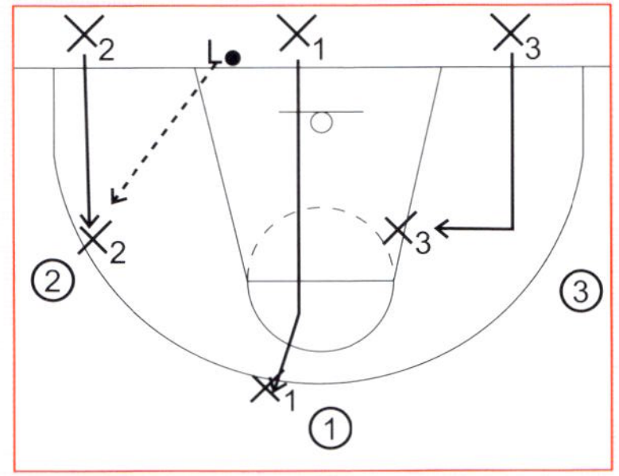 Abb. 25: Situation 3 – 3 mit passiven Angreifern
Situation 3 – 3 *Walk Through* Die Angreifer bewegen sich in einer *Cut and Fill*-Bewegung aus der 1 – 2-Angriffsaufstellung. Die Verteidiger müssen ständig ihre Position gemäß dem Ball und ihrem Gegenspieler verändern.	Prinzipien V_1: • Position zwischen Angreifer und Korb • Arm und Hand im Passweg → *Stop-Sign* • Blick über die Schulter • *Backdoor* verhindern Prinzipen V_2: • Position zwischen Angreifer und Korb • Absinken • Einnehmen der *Pistol-Position*

Spielphase

Spiel 3 – 3 auf einen Korb Spiel mit Schwerpunkt Verteidigung, ggf. mit der Variante *Make it, take it*	4 bis 6 Mannschaften. Anwendung der fünf Regeln des Basketballs Dribbling ist erlaubt, aber nur in eingeschränkter Form. Der Gefoulte sagt das Foul an, dies **muss** vom Gegner akzeptiert werden!

5 Doppelstunde 10: *Einführung in das Centerspiel, Zusammenspiel Innen- und Außenspieler, Spiel 4–4*

Einführung des Centerspielers

Die Außenpositionen mit ihren Laufwegen und Aufstellungen sind nun weitgehend bekannt, so dass jetzt die Spielposition des Innen- bzw. Centerspielers eingeführt werden kann. Zunächst gilt es festzuhalten, dass es wesentliche Unterschiede zwischen dem Centerspiel und dem Spiel auf den Außenpositionen gibt (vgl. Tab. 3).

Tab. 4: Charakteristische Merkmale von Außen- und Innenspielern im Basketball

Außenspieler...	Innenspieler...
• ... starten außen und bekommen meist auch außen den Ball.	• ... befinden sich meist in Korbnähe, bieten sich am Zonenrand an.
• ... ***laufen*** sich frei (*In and Out*), benutzen Tempo- und Richtungswechsel mit meist langen Laufwegen.	• ... ***laufen*** sich meist ***nicht*** frei, sondern müssen über längere Zeit ihre Position auf engem Raum behaupten.
• ... bekommen den Ball im Lauf zugespielt.	• ... bekommen den Ball im Stand zugespielt.
• ... drehen sich nach Ballerhalt zum Korb und starten 1–1-Bewegungen nach einem *Facing*.	• ... bieten sich mit dem Rücken zum Korb an und starten auch die meisten 1–1-Bewegungen mit dem Rücken zum Korb.
• ... sind für die Rückfeldsicherung zuständig, gehen also nicht immer zum *Rebound*.	• ... gehen ***immer*** nach einem Wurf zum *Rebound*.

Posting-Up

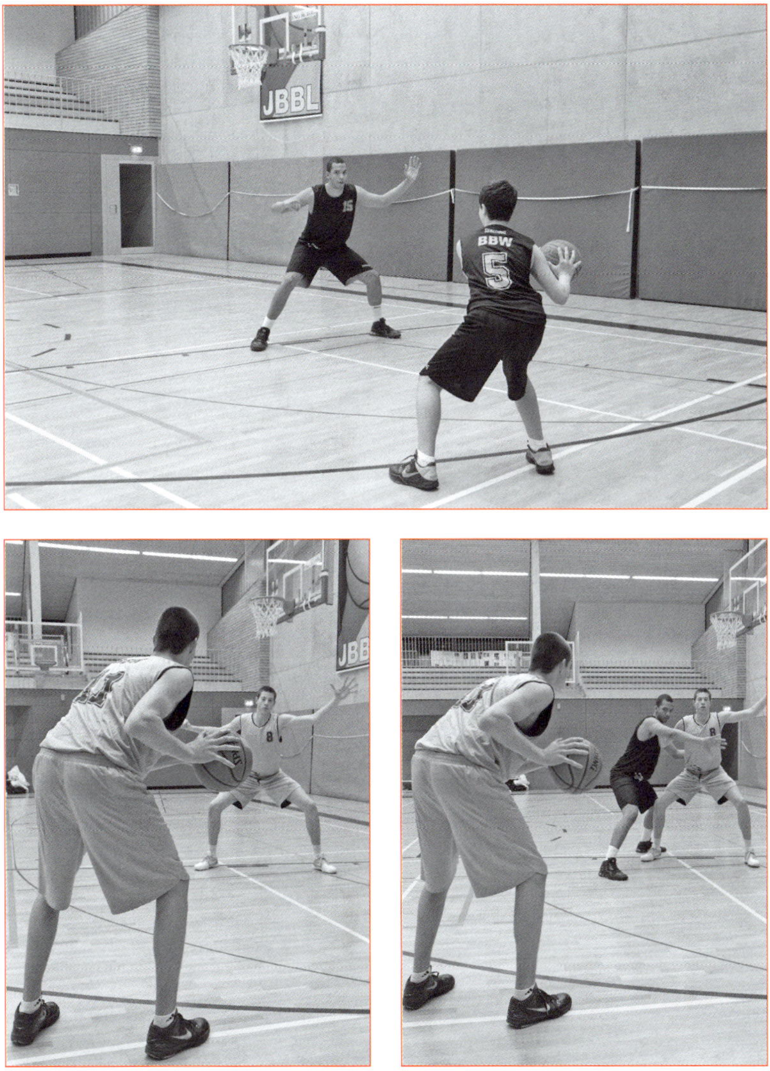

Bild 18: Posting-Up auf der Ball-Korb-Linie

Ziel des Centerspielers ist, in Korbnähe den Ball zu erhalten. Am besten gelingt dies, wenn er sich unmittelbar auf die Ball-Korb-Linie stellt (vgl. Bild 18), um sich mit dem Rücken zum Korb am Zonenrand auf der Ball-Korb-Linie anzubieten. Diese Aktion wird *Posting-Up* genannt. Eine solche Position ist deshalb günstig, weil der Verteidiger das Anspiel nur schwer verhindern kann, da er nicht gleichzeitig zwischen Angreifer und Korb stehen und den Passweg verteidigen kann.

Lowpost und Highpost

Im Basketball werden in der Regel zwei typische Centerpositionen unterschieden: der *Lowpost* (tief – Brett) und *Highpost* (hoch – Freiwurflinie). Ihre Grundpositionen sind in den Abbildungen 26 und 27 dargestellt.

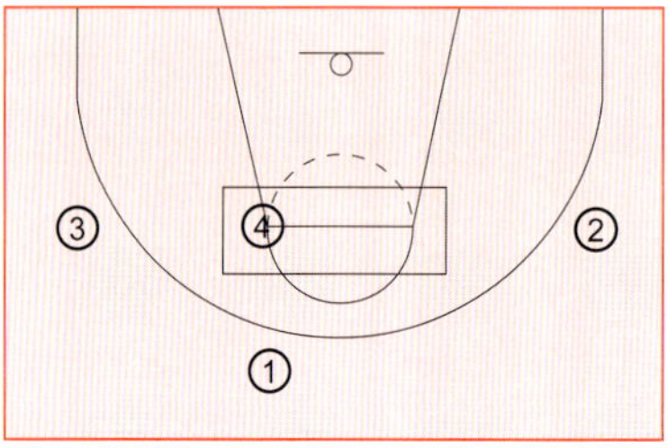

Abb. 26: Grundstellung Hoher Center

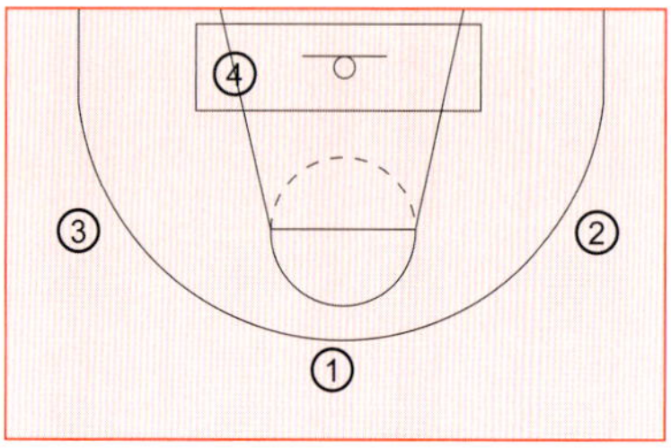

Abb. 27: Grundstellung Tiefer Center

Zusammenspiel von Innen- und Außenspielern

Besonders das bereits bekannte *Give and go* und das *Hand-off* als neue gruppentaktische Maßnahme finden hier viele Anwendungsmöglichkeiten. Beim Hand-off steht der Center mit Ball (Abb. 33a–33c) mit dem Rücken zum Korb und erwartet seinen Außenspieler, um ihm den Ball zu übergeben – oder auch nicht (s. Abb. 33c). Der Außenspieler hat zuvor eine Lauftäuschung gemacht und cuttet eng am Center vorbei, übernimmt den Ball und versucht dabei, seinen Gegner am Center abzustreifen.

Erfahrungsgemäß haben Anfänger Schwierigkeiten, das Spiel auf den Außenpositionen mit dem Spiel auf der Centerposition zu koordinieren. Die Außenspieler übersehen oft ihre Center, diese bieten sich als Folge davon außen an, wo sie nicht hingehören. Andererseits tendieren Centerspieler dazu, sofort auf den Korb zu werfen, wenn sie den Ball erhalten, was wiederum nicht in jeder Situation taktisch angemessen ist. Zu empfehlen ist deshalb, den Ball mehrmals wieder nach

Abb. 28 – 33: Möglichkeiten des Give and Go im Zusammenspiel zwischen Center und Außenspielern

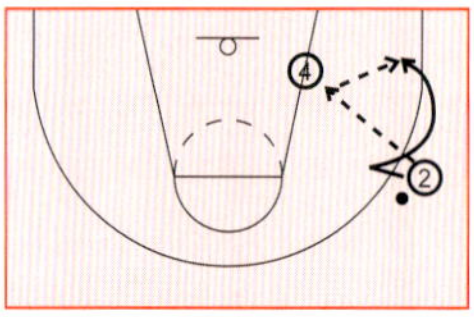

Abb. 28

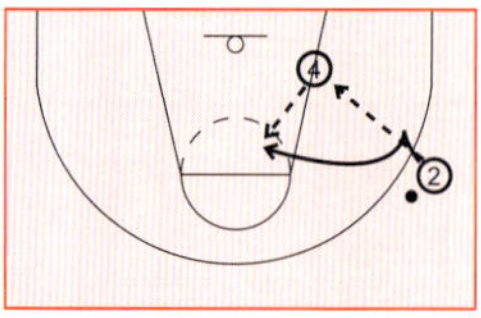

Abb. 29

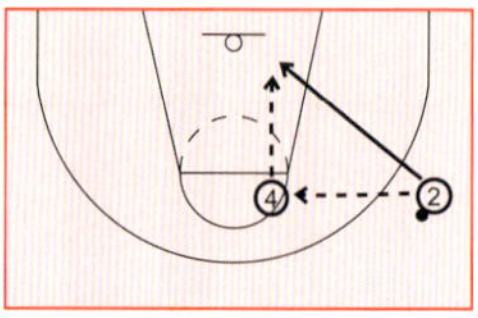

Abb. 30

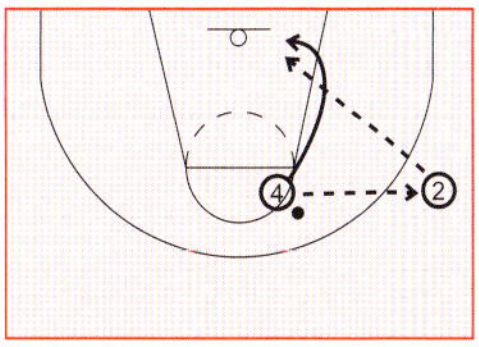

Abb. 31

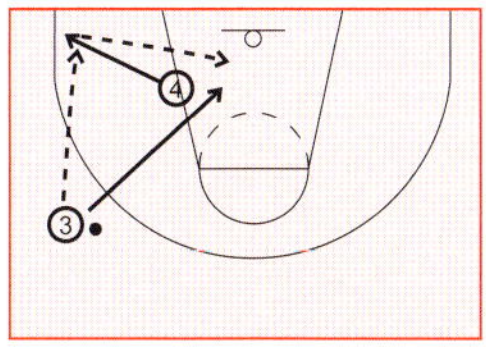

Abb. 32

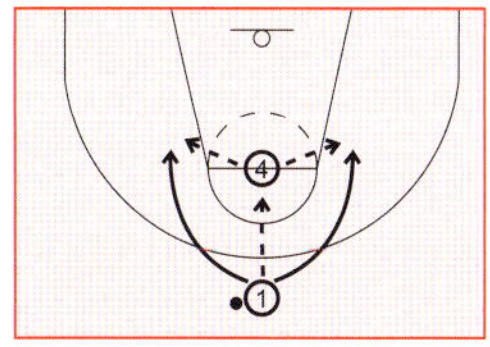

Abb. 33

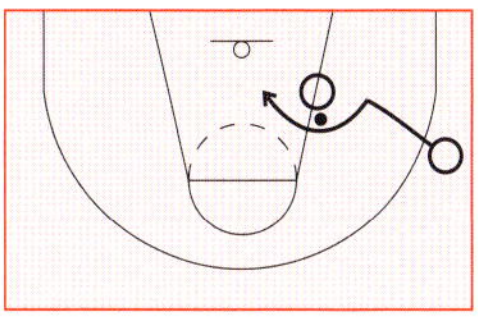

Abb. 33a

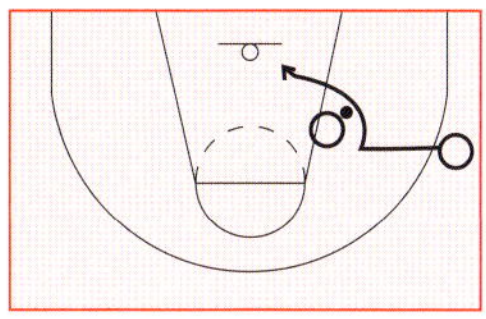

Abb. 33b

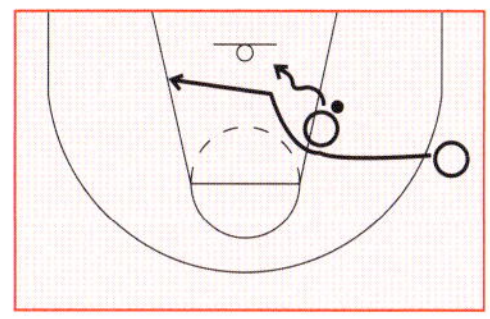

Abb. 33c

20c+d

außen zu passen, um einen besser postierten Mitspieler einzusetzen. Daher geht es in dieser Einführungsstunde zunächst nicht darum, Angreiferbewegungen des Centerspielers zu schulen, sondern die Schüler für das Zusammenspiel der Innen- und Außenspieler zu sensibilisieren. Unterschiedliche Aufstellungen und Möglichkeiten des *Give and Go* im Zusammenspiel zwischen Centern und Außenspielern sind in den Abbildungen 28 bis 33 aufgezeichnet.

Spiel 4 – 4

Mit der Einführung des Centers wird das Spiel 3 – 3 zum Spiel 4 – 4 mit einem Center- und drei Außenspielern erweitert. Dabei ändert sich an der Grundaufstellung, den Laufbewegungen, Rotationen und Abschlussmöglichkeiten der Außenspieler nichts.

Erste Aufgabe im Spiel 4 – 4 für die Außenspieler ist, den Center so oft wie möglich anzuspielen. Erste Aufgabe für den Centerspieler hingegen ist, sich auf der Ball-Korb-Linie am Zonenrand anzubieten. Um die Aktionen der Außenspieler nicht einzuschränken, kann ein weiteres Spielprinzip eingeführt werden: Passt ein Spieler von der Aufbau- auf die Flügelposition und befindet sich kein Center auf der Ballseite, so hat der Aufbauspieler Vorfahrt vor dem Centerspieler. Erst nach dem *Cut* des Aufbauspielers darf der Center die *Posting-Up*-Position einnehmen (vgl. Abb. 34).

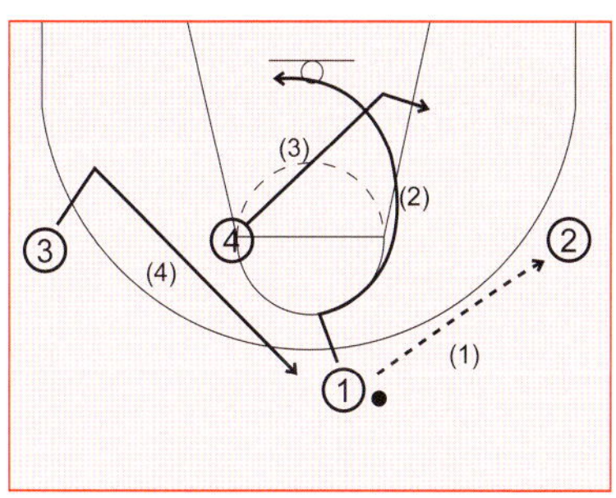

Abb. 34: Timing zwischen den Cuts von Aufbau- und Centerspieler

Stundenverlauf Doppelstunde 10: *Einführung in das Centerspiel, Zusammenspiel Innen- und Außenspieler, Spiel 4 – 4*

Stundenabschnitte und Unterrichtsinhalte	Organisatorische Hinweise
Aufwärmphase	
Alle Bälle in Bewegung halten	
Die Schüler haben die Aufgabe alle Bälle in der Halle in Bewegung zu halten. Ein Ball darf nur einmal berührt werden.	Gesamte Gruppe, ganze Halle Die Bälle dürfen nur mit der Hand gedribbelt oder gerollt werden.
Bälle zum Gegner rollen	
Die Mannschaften versuchen so viele Bälle wie möglich in die Hälfte der anderen Mannschaft zu rollen. Nach einer bestimmten Zeit wird unterbrochen und gezählt. In welcher Hälfte befinden sich weniger Bälle?	2 Mannschaften, ganze Halle, die Mittellinie dient als Begrenzung.
Dehnen und Kräftigen mit Ball	
Kräftigung je zwei Übungen Bauch und Rücken, je 8 Wiederholungen	Kreisform, Lehrer gibt die Übungen vor und korrigiert die Schüler.
Übungsform 2 – 0 (Aufbau und Flügel) als Wiederholung des *Give and Go*	
1 Aufbau- und 1 Flügelspieler: *Cut* und *Backdoor*	In 4-er bis 6-er-Gruppen auf einem Viertelfeld (vgl. Doppelstunde 7).
Übungsphase	
Einführung der Centerpositionen in der Übungsform 1 – 0 + 1 auf einen Korb Der Ball befindet sich in der Ausgangssituation beim Außenspieler, der Innenspieler bietet sich auf der Ball-Korb-Linie an. Erst nach dem 3. Pass darf geworfen werden. Ziele: • Anbieten mit dem Rücken zum Korb: *Posting–Up* • Angriffsbewegungen mit dem Rücken zum Korb • Anschlussbewegung → Korbleger, Sprungwurf, Hakenwurf etc. • Zusammenspiel zwischen Innen- und Außenspieler fördern (s. Abb. 28–33).	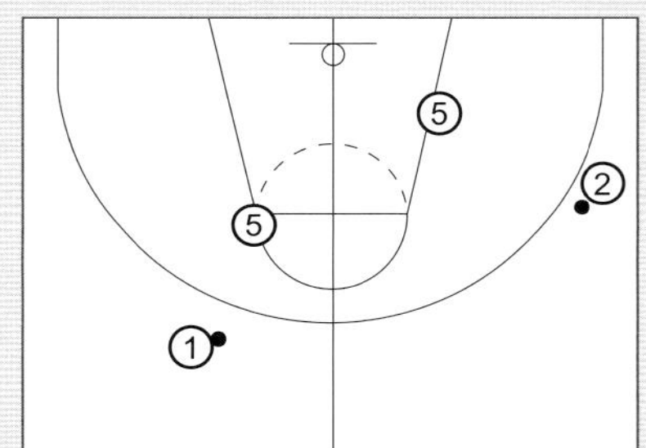 Abb. 35: 1 – 0 + 1 Posting Up 20

Stundenabschnitte und Unterrichtsinhalte	Organisatorische Hinweise
Spielphase	

Spiel 4 – 4 auf einen Korb

Aufstellung 1 – 2 – 1 (Abb. 36) oder 1 – 3 (Ab. 37)

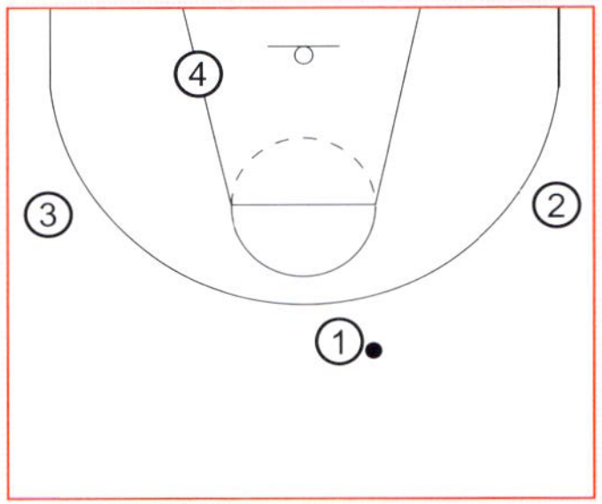

Abb. 36: 1 – 2 – 1-Aufstellung

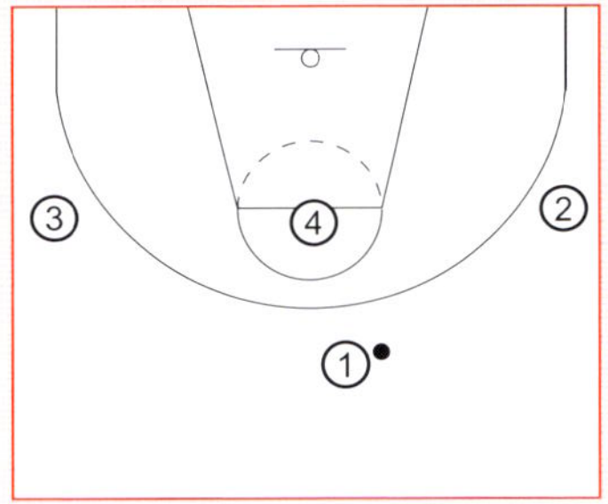

Abb. 37: 1 – 3-Aufstellung

4 bis 6 Mannschaften, wobei der jeweilige Center besonders gekennzeichnet wird (Markierungshemden o. Ä.).
Die fünf Regeln des Basketballs
Dribbling ist erlaubt, aber nur in eingeschränkter Form.
Der Gefoulte sagt das Foul an, dies **muss** vom Gegner akzeptiert werden!
Regelvariante: 1. *Make it, take it,* 2. Sonderpunkte für Two-men-Aktionen (z. B. Pass/Rückpass zwischen Center und Flügel)

Hauptaugenmerk sollte auf dem Zusammenspiel zwischen dem Center und dem Außenspielern liegen. Evtl. einen „walkthrough“ einschieben.

Spiel 4 – 4 – 4 auf 2 Körbe als Kontinuum (vgl. S. 69)

Regeln: Die „5 Regeln des Basketball“.

Der Gefoulte sagt das Foul an, dies muss vom Gegner akzeptiert werden!

3 bis X Mannschaften

Organisation wie auf S. 69: Team A spielt gegen Team B, Team C wartet am gegenüberliegenden Korb auf Team A.

Variation:
- Wenn Team A den Ball verliert, darf es Team B bis zur Mittellinie verteidigen. Erobern sie sich den Ball wieder zurück, spielt Team A wieder gegen Team B auf den ursprünglichen Korb, usw. Überquert Team B die Mittellinie, muss Team A am alten Korb zurückbleiben und auf Team C warten.
- *Make it, take it*

6 Doppelstunde 11: *Einführung des Schnellangriffs, Spiel 4–4 auf 2 Körbe*

Ziel des Schnellangriffs (*Fastbreak*) ist, einen Korb in Überzahl gegen eine noch nicht organisierte Abwehr zu erzielen. Dabei ist im Anfänger- wie im Fortgeschrittenen-Basketball das schnelle Umschalten von Verteidigung auf Angriff die wichtigste und zentrale Voraussetzung für das Gelingen eines Schnellangriffs. Wer nicht schnell umschaltet, wird keine Überzahlsituation schaffen, da die Gegenspieler ihrerseits versuchen, so schnell wie möglich zu verteidigen. Daher gehört zur Einführung des Schnellangriffs vor allem auch das Üben des Umschaltens. Aus Gründen der Motivation empfiehlt es sich, zu Beginn solche Übungs- und Spielformen zu entwickeln, die primär das Umschalten in den Angriff schulen. Erst nach Erfolgserlebnissen in diesen Formen folgen Übungsformen zum Umschalten in die Verteidigung.

Anzumerken ist auch noch folgende wichtige unterrichtspraktische Konsequenz: In den Doppelstunden zuvor wurde meist auf einen Korb gespielt. Damit fiel die im Basketball wichtige Komponente des Schnellangriffs bisher weg. Mit der Einführung des *Fastbreaks* muss daher gezielt auch auf zwei Körbe gespielt werden.

Schnellangriff

In der folgenden Doppelstunde soll der *unorganisierte Schnellangriff* geschult werden. Im Gegensatz zum organisierten Schnellangriff starten diese Angriffe aus unvorhersehbaren Ballgewinnen (*Steals*, Fehlpässe). Abgeschlossen wird meist in einer 1–0- oder 2–1-Situation. Abschlüsse ergeben sich dabei je nach Spielsituation ohne feste Laufwege, aber mit einigen Grundprinzipien, die später erläutert werden. Der *organisierte Schnellangriff* startet nach Korberfolg der Gegner oder nach einem *Rebound* und wird mit eher festgelegten Laufwegen und Aufgaben gespielt. Voraussetzung für die Schulung eines organisierten Schnellangriffs ist das Kennen und Anwenden der Grundprinzipien eines Schnellangriffs. Daher wird zunächst der unorganisierte Schnellangriff erarbeitet, bevor in der nächsten Doppelstunde ein organisierter Schnellangriff eingeführt wird.

Grundsätze des Schnellangriffs

- So schnell wie möglich von Verteidigung in Angriff umschalten.
- So schnell wie möglich nach vorne spielen (ein Pass ist schneller als ein Dribbling).
- Schnell, aber nicht hektisch spielen.
- Spieler ohne Ball laufen außen (Passwinkel verbessern).
- Angreifer auseinander ziehen (Verteidiger in Unterzahl in Entscheidungsnöte bringen).

Ab der Mittellinie gelten folgende Prinzipien :

- Ballbesitzer zieht zum Korb und schließt ab, wenn er nicht verteidigt wird.
- Erst passen, wenn sich ein Mitspieler günstiger oder näher am Korb befindet als der Ballbesitzer oder wenn der Ballbesitzer vom Verteidiger gestoppt wird.

Stundenverlauf Doppelstunde 11: *Einführung des Schnellangriffs, Spiel 4 – 4 auf 2 Körbe*

Stundenabschnitte und Unterrichtsinhalte	Organisatorische Hinweise

Aufwärmphase

Korbleger-Kontinuum mit 2 bis 3 Pässen

Die Hälfte der Klasse befindet sich auf der einen Seite der Halle, die andere auf der anderen, beide Gruppen bilden zwei Reihen. Ein Schüler der Reihe A dribbelt zur Mittellinie, einer der Reihe B läuft ohne Ball parallel. An der Mittellinie drehen beide um und spielen einen Doppelpass.
Der Dribbler wirft (vgl. Abb. 38).
Augenmerk: genaue, feste Pässe in den Lauf. Ball mit beiden Händen fangen!

Variationen:
- Korbleger ohne Dribbling
- Tempo erhöhen
- Treffervorgabe

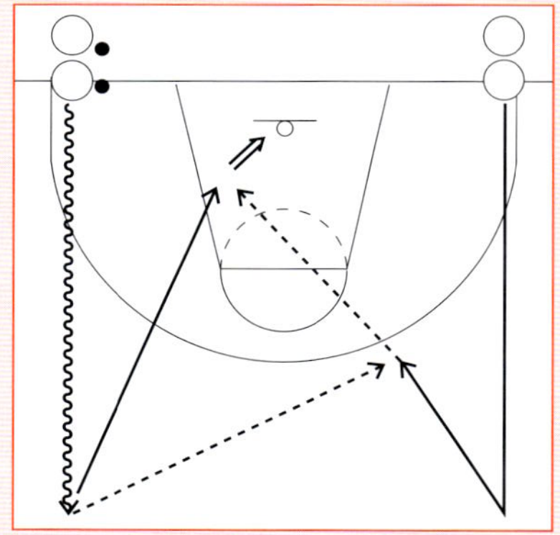

Abb. 38: Korbleger-Kontinuum

Umschalt-Spiel 1–1

Die Schüler gehen in Zweiergruppen zusammen und stellen sich mit Blick zueinander rechts und links der Mittellinie auf. Die beiden Spieler passen sich den Ball zu. Auf „Los“ (Lehrer oder Schüler) wird der Ballbesitzer Angreifer, der andere Spieler soll versuchen, ihn zu verteidigen (vgl. Abb. 39).
Es wird nur einmal geworfen und beide versuchen schnell zu *rebounden*, um für die nächsten Spieler Platz zu schaffen.

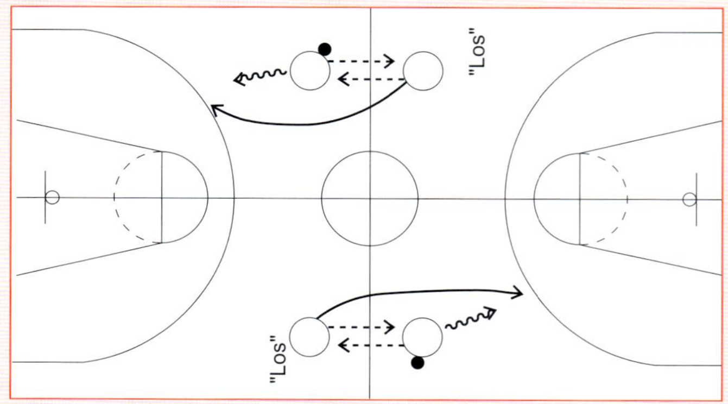

Abb. 39: Umschalt-Spiel 1–1

Übungsphase

Spiel 2 – 1 (+1) über das ganze Feld

Der Lehrer passt einem der beiden, an der Grundlinie stehenden Angreifer den Ball zu. Beide starten sofort zum Schnellangriff. Einer der gegenüberstehenden Verteidiger (Freiwurflinie) läuft sofort mit zurück, der andere muss zuerst die Grundlinie berühren, bevor er verteidigen darf (vgl. Abb. 40).

Ziele:

- Schnell umschalten
- Druck machen auf den Korb
- Passen, wenn man angegriffen wird oder der Mitspieler günstiger steht
- Regelgerecht abschließen

Regeln: Nur ein Wurfversuch. Zeitvorgabe.

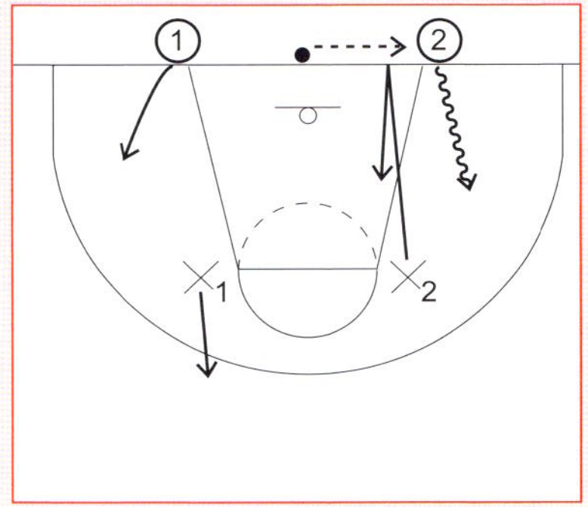

Abb. 40: Spiel 2 – 1 (+1)

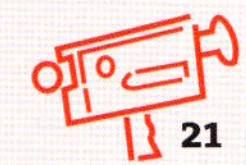

Alle anderen Schüler stehen an der Grundlinie. 4 neue Spieler kommen nach Start des Schnellangriffs auf das Feld.

Spiel 2 – 2 und 2 – 0: Umschalt-Spiel auf beide Körbe

Lehrer wirft auf den Korb.

2 Angreifer und 2 Verteidiger kämpfen um den Rebound.
Bei Ballgewinn der Angreifer: Spiel 2 – 2 auf den selben Korb.
Nach Ballgewinn der Verteidiger spielen diese so schnell wie möglich 2 – 0 auf den anderen Korb! Die ehemaligen Angreifer bleiben stehen und werden beim nächsten Durchgang zu Verteidigern.

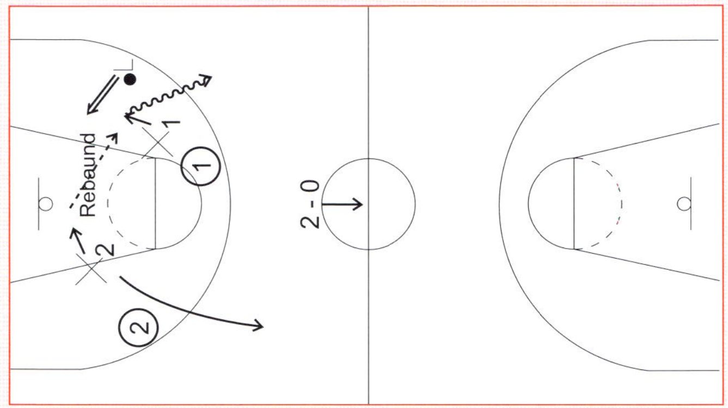

Abb. 41: Spiel 2 – 2 und 2 – 0

Stundenabschnitte und Unterrichtsinhalte	Organisatorische Hinweise
Umschaltspiel auf beide Körbe: 2 – 2 und 2 – 1	Regeln und Organisation wie oben.
Wie oben, aber ab der Mittellinie wartet ein neuer Verteidiger auf die zwei Angreifer.	Tipp: Zwei Verteidiger im Wechsel verteidigen lassen.
Variation: 1 ehemaliger Angreifer wird Verteidiger.	
Umschalt-Spiel 2 – 2 auf beide Körbe.	Regeln und Organisation wie oben.
Wie oben. Aber die beiden Angreifer werden wie im richtigen Spiel nach Ballverlust oder Korberfolg zu Verteidigern.	
Spielphase	
Umschalt-Spiel 4 – 4 auf beide Körbe	
Immer, wenn eine Mannschaft vom Angriff in die Verteidigung wechselt, muss ein Spieler per Handschlag an der Grundlinie wechseln, wodurch kurzfristig eine Überzahlsituation entsteht.	Wechselspieler stehen an der Grundlinie unter dem eigenen Angriffskorb. Regeländerung: Schnellangriffpunkte werden doppelt gezählt.
Ziel: Ausnutzen der Überzahlsituation	

7 Doppelstunde 12: *Schnellangriff mit drei Spielern*

Nach der Einführung des unorganisierten Schnellangriffs folgt nun die Erarbeitung eines organisierten Schnellangriffs, der meist nach *Defensiv-Rebound* gespielt wird. Er kann zeitlich in vier Phasen eingeteilt werden:

1. ***Ballsicherung*** *(Defensiv-Rebound)*
2. ***Outlet*** als schneller erster Pass aus der Zone heraus
3. ***Ballvortrag*** durch einen langen Pass oder ein Dribbling über die Mittellinie
4. ***Abschluss*** durch einen Korbleger.

Diese Unterteilung ist insofern vorteilhaft, als die einzelnen Phasen separat geschult werden können, wenn es sich als notwendig herausstellt. In dieser Einführung des Schnellangriffs werden alle Phasen aufgrund ihrer hohen Vernetzung zusammen geschult. Eine Vereinfachung findet durch die Reduktion der Verteidiger statt.

Grundsätze des organisierten Schnellangriffs

Die allgemeinen Prinzipien der vorhergehenden Stunde bleiben erhalten. Hinzu kommen jedoch die folgenden taktischen Prinzipien:

- Den Ball nach einem *Rebound* möglichst schnell auf der selben Seite nach außen spielen *(Outlet)*.

- Der am *Rebound* unbeteiligte Spieler auf der Gegenseite sprintet zum gegnerischen Korb (nach Möglichkeit langer Pass und Spiel 1 – 0).

- Alle beteiligten Angreifer so weit wie möglich/nötig auseinander zum Korb laufen („Spuren besetzen“).

- Die Spieler ohne Ball bleiben weit außen. Erst an der 3-Punkte-Linie (in Korbnähe) schneiden sie zum Korb.

Eine einfache Möglichkeit des Schnellangriffs mit drei Spielern zeigt Abb. 42:

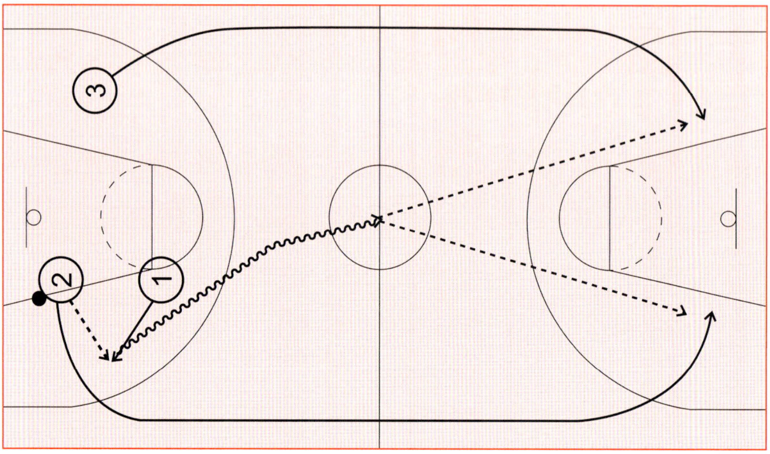

Abb. 42: Schnellangriff mit drei Spielern

- Spieler 2: Nach *Defensiv-Rebound Outlet* zu Spieler 1.
- Spieler 3 besetzt sofort die Außenspur und sprintet nach vorne.
- 1 spielt entweder einen langen Pass oder dribbelt schnell nach vorne durch die Mitte.
- 2 besetzt die andere Außenspur.
- Spieler 1 hat nun zwei Passrichtungen.
- Nach dem Pass zieht der Außenspieler mit Ball zum Korb.

Stundenverlauf Doppelstunde 12: *Schnellangriff mit drei Spielern*

<table>
<tr><th>Stundenabschnitte und Unterrichtsinhalte</th><th>Organisatorische Hinweise</th></tr>
<tr><td colspan="2">Aufwärmphase</td></tr>
<tr><td>Kombination von Laufen und Kräftigen

Die Schüler laufen und überspringen die anderen bzw. kriechen unter ihnen durch.
Variante: Wenn ein Schüler 3 andere Schüler übersprungen hat bzw. unter ihnen durchgekrochen ist, geht er selbst in eine Stützposition. Gleichzeitig wird ein Stützender zum Läufer, wenn 4-mal über ihn gesprungen bzw. unter ihm durchgekrochen wurde.</td><td>Die Hälfte der Klasse läuft, die andere befindet sich in der Bank- oder der Liegestützposition. Nach 30 sec wird gewechselt.</td></tr>
<tr><td>Lauf-Reaktionsspiel mit Schwerpunkt Umschalten

Die Klasse liegt als Paare nebeneinander auf dem Bauch in der ganzen Halle verteilt, es wird ein Fänger und ein Gejagter bestimmt.</td><td>Der Gejagte kann sich dadurch retten, dass er sich neben ein Paar auf den Boden legt. In diesem Moment wird der Fänger zum neuen Gejagten und der auf der anderen Seite der Dreiergruppe liegende Schüler zum neuen Fänger.
Variation: Jeder Schüler hat 1 Ball.</td></tr>
<tr><td colspan="2">Übungsphase</td></tr>
<tr><td>Erarbeiten des Schnellangriffs mit drei Spielern auf drei Spuren

Übung 1: 3 – 0-Schnellangriff (vgl. Abb. 43)

Auf möglichst zwei Feldern werden die Laufwege in Dreiergruppen erarbeitet, wobei die Schüler am Anfang in einer 3 – 0 Situation üben. Hierzu werden entweder feste Dreiergruppen gebildet, oder die Dreiergruppen entstehen aus einer Rotation

22

Ziele:
• Erlernen der korrekten Laufwege
• Erlernen der taktischen Prinzipien
• Erlernen von schnellem Umschalten

Organisationsvariante: 1 Team läuft zweimal (hin und zurück). Die Spieler müssen sich nach dem Durchgang neu aufstellen.</td><td>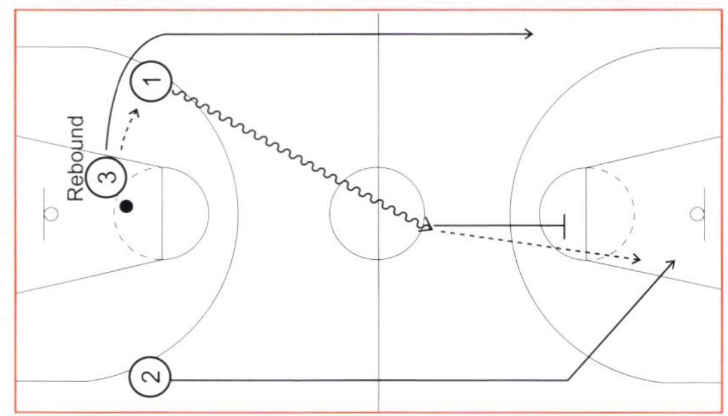
Abb. 43: 3 – 0 Schnell-angriff</td></tr>
</table>

Stundenabschnitte und Unterrichtsinhalte	Organisatorische Hinweise
Übung 2: 3–1-Schnellangriff Es wird ein Verteidiger in den Ablauf eingebaut. Dieser startet von der Mittellinie, wenn 1 in Ballbesitz kommt. Bevor er verteidigen darf, muss er den Mittelkreis berühren.	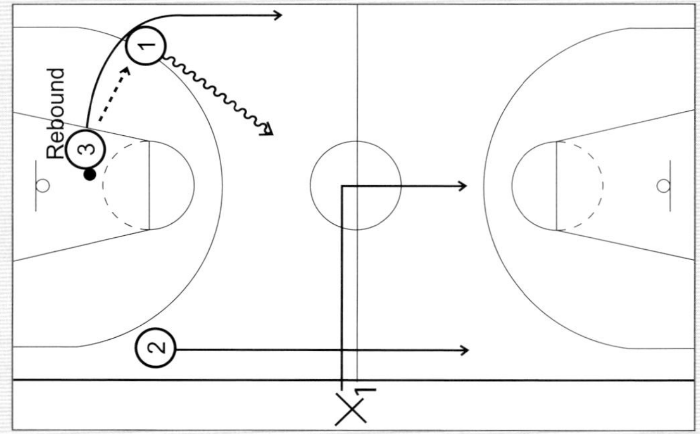 Abb. 44: Schnellangriff 3–1 mit Verteidiger ab Mittellinie
Übung 3: 3 – 2-Schnellangriff Es werden zwei Verteidiger in den Ablauf eingebaut.	Organisation wie beim 3–1
Spielphase	
Spiel 3–3 auf zwei Körbe	4 bis 6 Mannschaften Regeln wie oben Regelvariante: Wer mit Schnellangriff punktet, bleibt in Ballbesitz.

IV

Sechs Doppelstunden für die Klassen 10 bis 12 (16- bis 19-Jährige)

1 Vom Spiel 4–4 zum Spiel 5–5

Während in den Klassen 5 bis 9 die Schwerpunkte auf der Vermittlung einer spezifischen Spielfähigkeit, der basketballspezifischen Fertigkeiten sowie der grundlegenden gruppentaktischen Handlungsmöglichkeiten liegen, rückt in den Klassen 10 bis 12 das Zusammenspiel der ganzen Mannschaft und damit mannschaftstaktisches Handeln in den Vordergrund. Mit diesem Schritt ergeben sich folgende Schwerpunkte:

Die Erweiterung des Spiels um den zweiten Centerspieler

Um in der Zielform 5–5 strukturiert Basketball spielen zu können, muss ein weiterer Spieler einbezogen werden. Dabei hat der Lehrer die Wahl, einen zweiten Centerspieler oder einen vierten Außenspieler zu integrieren. In der vorliegenden Konzeption wurde von Anfang an mit

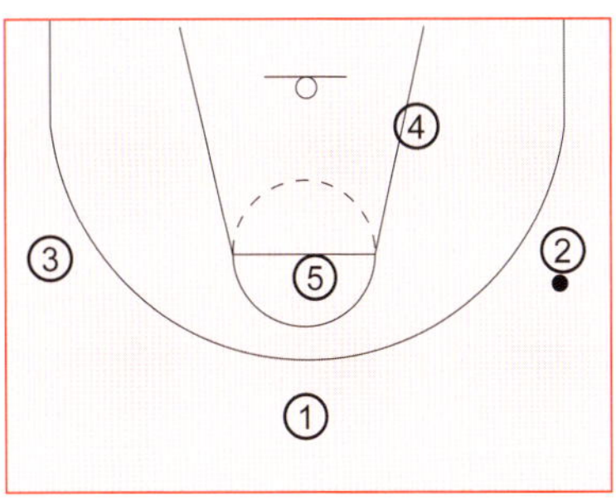

Abb. 45

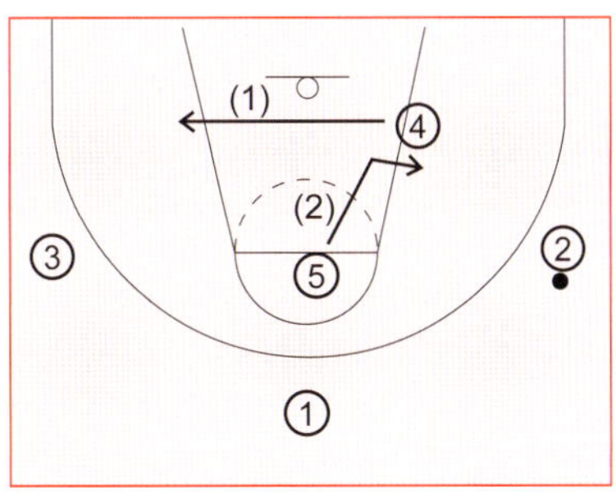

Abb. 46

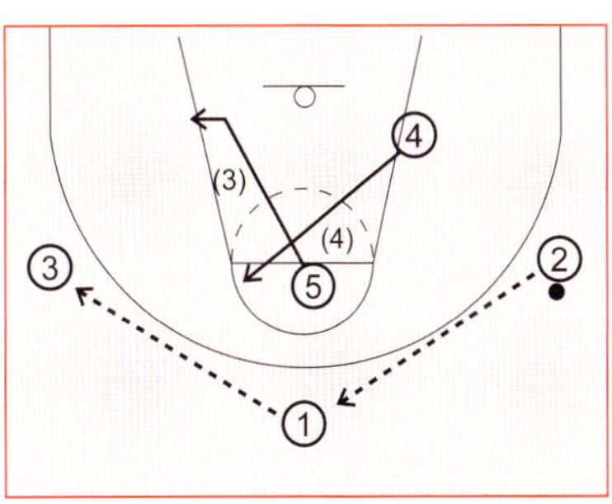

Abb. 47

Abb. 45–47: Grundprinzipien der Centerrotation

nur einer Aufbauposition gespielt. Im Spiel 3–3 wurde darüber hinaus immer mit einer 1–2-Aufstellung begonnen. An der Aufstellung, den Aufgaben und Laufwegen der Außenspieler änderte sich auch nach der Erweiterung um den ersten Centerspieler in den Klassen 7 bis 9 nichts Wesentliches. Folglich macht es Sinn, weiterhin mit der bekannten Grundaufstellung zu spielen und als fünften Spieler einen zweiten Centerspieler zu integrieren. Allerdings muss dann zusätzlich das Zusammenspiel der beiden Center untereinander koordiniert werden. Dabei gilt es, die Grundprinzipien der Center-Rotation einzuführen (vgl. Abb. 45 – 47, S. 97):

1. Grundsätzlich muss eine günstige Raumaufteilung eingehalten werden, d. h. die beiden Centerspieler dürfen nie auf *einer* Position spielen. Es sollte möglichst immer mit einem *Highpost* und einem *Lowpost* agiert werden (s. Abb. 45).

2. Verlässt der *Lowpost* auf der Ballseite seine Position (dies soll er tun, wenn er nach 3 Sekunden immer noch keinen Ball erhalten hat), rückt der andere Center nach und postet auf (s. Abb. 45 und 46).

3. Wenn der Ball um die Zone gepasst wird und die neue *Lowpost*-Position noch nicht besetzt ist, gilt folgende Vorfahrtsregel: *Highpost-Cut* immer vor *Lowpost-Cut* (s. Abb. 47)!

Erweiterung der gruppentaktischen Handlungsmöglichkeiten

Nach dem *Give and Go* und dem *Two Men Game* (Zusammenspiel zwischen einem *Außen-* und einem *Innenspieler*) werden der direkte und der indirekte Block eingeführt. Da Blocks oft im Zusammenspiel zwischen einem Außenspieler und einem Center gespielt werden, soll der direkte sowie der indirekte Block in diesem Vermittlungsweg auf beiden Positionen angewendet werden. Direkter und indirekter Block sind somit auch Erweiterungen des *Two Men Game* (vgl. Klassen 7 bis 9).

Einführung einfacher Mannschaftstaktiken

Mit der Integration des fünften Spielers werden gezielt mannschaftstaktische Handlungsmöglichkeiten im Angriff und in der Verteidigung (*Mann-Mann-* sowie *Ball-Raum-Verteidigung*) eingeführt. Zusätzlich wird der Schnellangriff mit allen fünf Spielern gespielt.

Vertiefung und Erweiterung der basketballspezifischen Techniken und Taktiken

Konsequenterweise wird – wie in den Klassen 7 bis 9 – weiter an den schon bekannten Techniken und Taktiken gearbeitet. Dies bedeutet, dass auch nach Einführung des Spiels 5–5 immer dann auf die Spielformen 1–1 bis 4–4 zurückgegriffen wird, wenn es methodisch notwendig erscheint. Dies wird insbesondere dann der Fall sein, wenn als neue Angreifertechnik der *Power-Move* eingeführt wird.

Eigenverantwortlichkeit und Selbstständigkeit der Schüler

Mit zunehmendem Könnens- und Wissensstand können und sollen Schüler zusätzliche Handlungspositionen im Unterricht kennen lernen (vgl. hierzu Kurz 1990, 1998; König/Rogoll/Weinans 1993). Dies kann schon in den Klassen 7 bis 9 vorbereitet und angewendet werden. Ein Wechsel der Handlungspositionen im Sportunterricht ist in folgenden Formen möglich:

1. Planung und Durchführung eines basketballspezifischen Aufwärmprogramms.
2. Spiele leiten und organisieren, z. B. als Schiedsrichter („Monitor“) oder Coach.
3. Vorbereiten und Durchführen von klasseninternen Turnieren.
4. Mitbestimmung von Übungsinhalten im Hinblick auf den gesamten Klassenverband oder mit dem Charakter eines basketballtypischen individuellen Trainings.
5. Eigenverantwortliche Auswahl von Spiel- und Übungsformen zu vorgegebenen Themen.
6. Festlegen von individuellen mittel- bzw. langfristigen Zielsetzungen („Was will ich erreichen?“). Dies ist zum Beispiel sehr gut im Bereich des Wurftrainings möglich, indem durch die Schüler selbst Wurfpositionen und Trefferquoten festgelegt werden.
7. Erarbeiten und Umsetzen von einfachen, selbst ausgewählten Spielzügen im Gruppen- oder Mannschaftsverband, wozu sich die Form der Gruppenarbeit auch im Sportunterricht eignet.

Alle Maßnahmen führen zwangsläufig zu einer höheren Schülerbeteiligung.

2 Doppelstunde 13: *Werfen unter spielnaher Belastung, Erarbeiten des Power-Move*

Der *Power-Move* ist ein einhändiger Wurf nach beidbeinigem Absprung im korbnahen Bereich. Wie der Name schon vermuten lässt, ist der *Power-Move* eine Wurftechnik mit viel Dynamik. Der Werfer versucht dabei die Flugphase so stabil wie möglich zu gestalten. Durch den beidbeinigen Absprung und das lange Führen des Balles mit zwei Händen ist es dem Werfer möglich, auch in der Luft eine hohe Stabilität zu erhalten. Zudem ist durch die Nähe des Abwurfortes die Trefferwahrscheinlichkeit sehr hoch. Centerspieler schließen in Korbnähe fast ausschließlich mit Würfen nach beidbeinigem Absprung ab.

Bewegungsbeschreibung *Power-Move*

23
20 a+b

(a) Grundstellung

- Stellung mit dem Rücken zum Korb, tiefe Centerposition.

(b) Auftaktbewegung

- Dribble den Ball mit beiden Händen einmal fest und eng am Körper auf den Boden.
- Führe gleichzeitig mit dem Bein, welches der Grundlinie näher ist, einen Schritt zum Korb aus. Dein Fuß und der Ball setzen zeitgleich auf.
- Springe mit einem flachen seitlichen Schritt in Richtung Korb *(Sidestep)*. Nimm dabei den Ball mit beiden Händen eng am Körper auf.
- Lande auf beiden Beinen (entweder mit einem Sprung- oder einem schnellen Schrittstopp).

- Bei der Landung stehen deine Füße parallel und etwas mehr als hüftbreit auseinander, die Fußspitzen zeigen zum Brett.
- Du stehst mit dem Oberkörper frontal zum Brett.

(c) Wurfbewegung

- Springe kräftig von beiden Beinen zum Korb ab, führe dabei den Ball mit beiden Händen vor dem Körper bis über Kopfhöhe.
- Strecke deinen Wurfarm und klappe das Handgelenk zum Korb hin ab. Halte die Stützhand zum Schutz gegen Verteidiger oben.

(d) Landung

- Lande nach dem Wurf stabil auf beiden Beinen und sei bereit für einen *Rebound*.

Stundenverlauf Doppelstunde 13: *Werfen unter spielnaher Belastung, Erarbeiten des Power-Move*

Stundenabschnitte und Unterrichtsinhalte	Organisatorische Hinweise
Aufwärmphase	
Korbleger und Sprungwurf aus verschiedenen Positionen mit verschiedenen Zusatzaufgaben	
Die Schüler bekommen verschiedene Aufgaben für die Verbindung von Dribbling und Korbleger bzw. Dribbling und Sprungwurf.	Jeder Schüler hat einen Ball, alle Korbanlagen und die ganze Halle nutzen.
• Korbleger oder Sprungwurf auf alle Körbe. Nach einem Wurf wird der eigene Ball gesichert und das Dribbling fortgesetzt.	Wichtig: Bei korbnahen Würfen rechte und linke Hand einsetzen.
• „Chefwerfen“ (1): Würfe auf alle Körbe. Die Wurftechnik wird von einem Schüler für eine Gruppe vorgegeben	3–4 Schüler erhalten einen Chef, den sie imitieren.
• „Chefwerfen“ (2): wie „Chefwerfen (1)“, allerdings wird der eigene Ball nach einem Wurf sofort abgelegt und ein neuer geholt.	
Dehnen und Kräftigen	Arbeitsauftrag an zwei Schüler
Werfen unter Belastung	
• Sprungwurf aus der Bewegung (nach Pass oder Dribbling). Korrekturschwerpunkte: – Ballannahme – *Facing* – Kreuzschritt-Dribbling und Einkontaktstopp	Werfen in Kleingruppen (z. B. 4–6 Kleingruppen). Aufgabenstellung: Am Seitenkorb Sprungwurf nach , Dribbling an den Hauptkörben Sprungwurf nach Zuspiel. 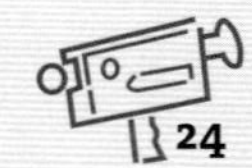 24
• Werfen in einer 1–1-Situation von einer Außenposition, Übender schließt mit Sprungwurf ab, der Verteidiger darf den Ball NICHT spielen (Übungsform)!	2 Schüler 1 Ball, bis zu 3 (max. 4) Paare je Korb. Spieler werfen 5er-Serien, nach jedem Wurf folgt eine Zusatz-Belastung. Dann erfolgt ein Wechsel zwischen Angreifer und Verteidiger.
Spielphase 1	
Spiel 4–4 auf einen oder zwei Körbe	
Spiele sollten möglichst in Eigenregie, z. B. als Turnierform, durchgeführt werden.	Arbeitsauftrag: Die Mannschaftsbildung (4–6 Teams) sowie die Reihenfolge der einzelnen Spiele wird durch 2–4 Schüler vorbereitet.

Stundenabschnitte und Unterrichtsinhalte	Organisatorische Hinweise
Übungsphase	
Einführung *Power-Move*	Einsatz von visuellen Hilfsmitteln: Bild, Video, CD, Demonstration.
Stabiler korbnaher Wurf mit der Außen- oder Innenhand je nach Position des Verteidigers → Hinweis auf Ähnlichkeiten mit anderen Würfen.	Je Korbanlage arbeiten 4 bis 7 Schüler. 2 Bälle je Korb. Je Korb kann ein Bild als Orientierungshilfe eingesetzt werden.
Vermitteln einer grundlegenden Bewegungsvorstellung	
Erarbeitungsphase: Die Schüler sollen in Kleingruppen die Bewegung selbst erarbeiten, der Lehrer agiert als Helfer. Vorgabe: Übungsbeginn am Zonenrand mit dem Rücken zum Korb.	Bis zu 4 Paare je Korbanlage
Spiel 1 – 1 + 1	
Anwendung der bekannten Würfe in spielnaher Situation. 25	
Spielphase 2	
Spiel 4 – 4 auf einen oder zwei Körbe	
Spiele sollten möglichst in Eigenregie, z. B. als Turnierform, durchgeführt werden.	Die Mannschaftsbildung (4–6 Teams) sowie die Reihenfolge der einzelnen Spiele wird durch die Schüler selbst vorbereitet.

3 Doppelstunde 14: *Partnerhilfen (1) Give and Go, Cut and Fill, Indirekter Block*

Neben dem *Give and Go* und dem *Cut and Fill* gibt es weitere gruppentaktische Maßnahmen im Basketball, wobei insbesondere die Partnerhilfen direkter und indirekter Block von Bedeutung sind.

Indirekter Block

Beim indirekten Block stellt ein Angreifer (ohne Ball) am Verteidiger eines anderen Angreifers ohne Ball einen Block. Der indirekte Block ist also eine gruppentaktische Maßnahme im Spiel 3–3. Der Blocksteller versperrt dabei dem Verteidiger so den (Verteidigungs-)Weg, dass der Mitspieler möglichst ungehindert einen *Cut* laufen kann. Dabei ist der Oberkörper des Blockstellers dem Verteidiger zugewandt und er postiert sich möglichst breit und stabil frontal im voraussichtlichen Laufweg des Verteidigers (vgl. Bild 19). Der Blocknutzer geht so eng an seinem Mitspieler vorbei, dass der Verteidiger ihm nicht folgen kann. In dem Moment, in dem der Blocknutzer an der Schulter des Blockstellers vorbeiläuft, rollt der Blocksteller entweder mit einem Sternschritt rückwärts zum Korb ab oder bewegt sich in die andere Richtung, um einen neuen Passweg zu öffnen. Der Blocksteller ist für diese *Split-Bewegung* verantwortlich.

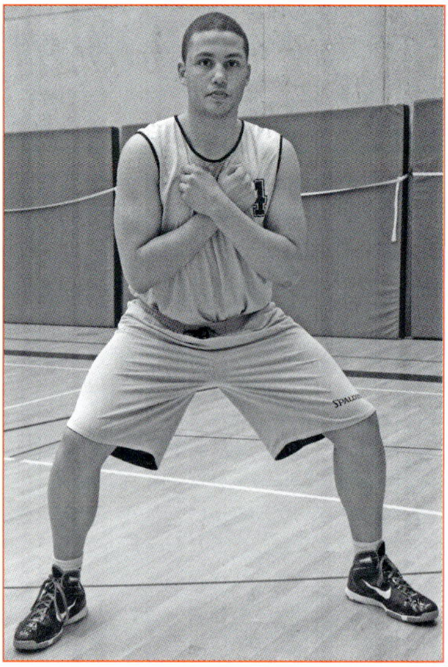

Bild 19: Blockstellung

Da indirekte Blocks oftmals weit weg vom Ballbesitzer gestellt werden und der Verteidiger meist abgesunken ist, ist es wichtig, dass der Blocknutzer den Block gut vorbereitet und seinen Gegenspieler bindet. Besteht zu viel Abstand zwischen Blocknutzer und seinem Verteidiger, kann der Verteidiger problemlos den Block umlaufen. Diese Vorbereitung durch den Blocknutzer ist besonders wichtig, da der Blocksteller sich beim Block nicht bewegen darf, ansonsten begeht er ein Foul. Seinen Gegenspieler zu binden erreicht der Blocknutzer dadurch, dass er auf den Korb und damit auf seinen Gegenspieler zuläuft. Diese Bewegung ist bereits seit dem Spiel 3 – 3 auf den Außenpositionen bekannt.

Ein Beispiel für eine typische Spielsituation mit indirektem Block ist in Abb. 48 zu sehen: Spieler 1 passt zu Spieler 3. Spieler 1 versucht, in den Rücken seines eigenen Gegenspielers zu laufen, um ihn zu binden. Spieler 1 stellt einen indirekten Block für Spieler 2.

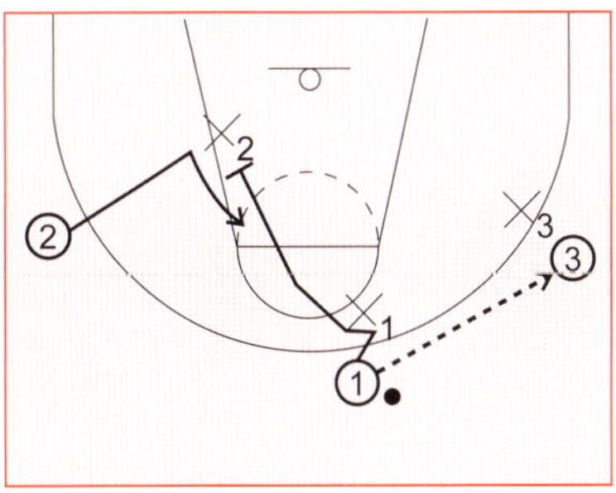

Abb. 48:
Indirekter Block im Spiel 3 – 3
auf den Außenpositionen

Prinzipiell gibt es immer zwei Ausstiegsmöglichkeiten (Schneidebewegungen) der am Block beteiligten Spieler:

1. Die erste Ausstiegsmöglichkeit zeigt Abb. 49a: Spieler 2 nutzt den Block und schneidet hoch zur Freiwurflinie. Spieler 1 dreht nach dem Block auf in Richtung Korb („Abrollen"). Spieler 3 hat nun zwei Passmöglichkeiten: entweder Pass zu Spieler 2 auf Höhe der Freiwurflinie oder Pass zu Spieler 1 am Korb.
2. Die zweite Ausstiegsmöglichkeit ist in Abb. 49b dargestellt: Spieler 2 schneidet zum Korb und Spieler 1 schneidet zur Freiwurflinie.

Abb. 49a und 49b: Ausstiegsmöglichkeiten nach einem indirekten Block

26

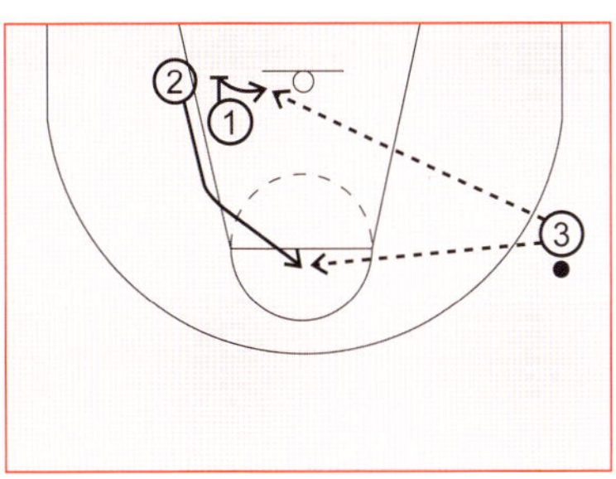

Abb. 49a

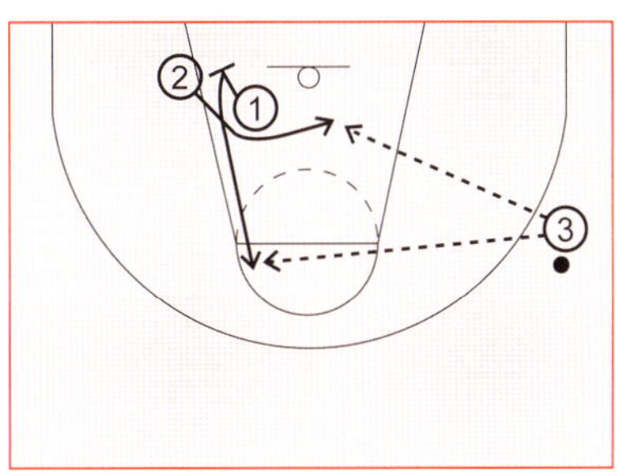

Abb. 49b

In beiden Fällen kommt es zu einer *Split-Bewegung*, d. h. Blocksteller und Blocknutzer schneiden nach dem Block in zwei unterschiedliche Richtungen, um zwei Passrichtungen zu ermöglichen. Wann welche Alternative genutzt wird, ist letztendlich abhängig von den Aktionen der Verteidiger: Hat der Blocknutzer einen freien Weg zum Korb, weil der Verteidiger des Blockstellers absinkt, zieht er sofort zum Korb. Sinkt der Verteidiger des Blockstellers nicht ab, geht der Blocknutzer *backdoor* oder schneidet zur Freiwurflinie hoch.

Der indirekte Block wird bewusst zeitlich vor dem direkten Block eingeführt. Wenn man geeignete Spielsituationen findet, ist die Aufgabe „Ausnutzen eines Blocks" leichter zu erfüllen als beim direkten Block, da sich die Angreifer im entscheidenden Moment (der eigentlichen Blocksituation) nicht auf den Ball konzentrieren müssen. Außerdem kann der direkte Block durch Absinken leicht verteidigt werden, wenn die Angreifer aus der gewählten Distanz nicht auf den Korb werfen können.

Stundenverlauf Doppelstunde 14: *Partnerhilfen (1) Give and Go, Cut and Fill, Indirekter Block*

Stundenabschnitte und Unterrichtsinhalte	Organisatorische Hinweise
Aufwärmphase / Spielphase 1	
3 – 3 auf einen Korb ohne Dribbling Nach bekannten Regeln. Hinweise: • Auf gute Raumaufteilung achten • Nach Pass eine Aktion starten, also viel Bewegung ohne Ball.	Spiel auf Viertelfeldern
Wiederholung von *Give and Go*. Anwenden von *Cuts* und *Backdoor* Komplexe Aufgabenstellungen: • 1 passt zu 2. Zuvor hat sich 2 durch ein *In and Out* angeboten. • Nach Ballannahme geht 2 ins *Facing*. Anschließend führt 1 eine Täuschung zur Mitte aus und schneidet zum Ball. • Pass von 2 zu 1. • 1 schließt korbnah ab und bietet sich direkt für den nächsten Pass auf der gegenüberliegenden Außenposition an. • 2 holt den Rebound und dribbelt mit dem Ball an das Ende der Reihe auf der Mittelposition. (s. Abb. 50)	4 bis 6 Schüler je Viertelfeld 27 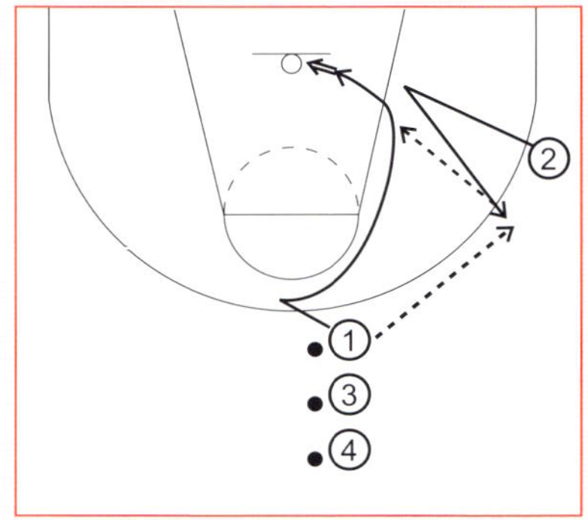 Abb. 50: Komplexübung *Give and Go*
Dehnen und Kräftigen mit Ball Kräftigung: Je zwei Übungen für Bauch und Rücken.	Je Schüler 1 Ball

Stundenabschnitte und Unterrichtsinhalte	Organisatorische Hinweise
Übungsphase	
Wiederholung 3–0 auf den Außenpositionen: *Cut and Fill* im 3–0 Wie schon in der Doppelstunde 7 sollen durch mehrmaliges Wiederholen der Laufwege – als Hilfestellung für eine optimale Raumaufteilung – die Spielprinzipien gefestigt werden. Dabei wird der Ball in dieser Kontinuumsform ständig weitergepasst (Seitenwechsel einbauen). Mögliche Regel: erst nach dem 10. Pass darf geworfen werden. (s. Abb. 51) Dieser Teil kann auch als Arbeitsauftrag an einen oder zwei Schüler vergeben werden.	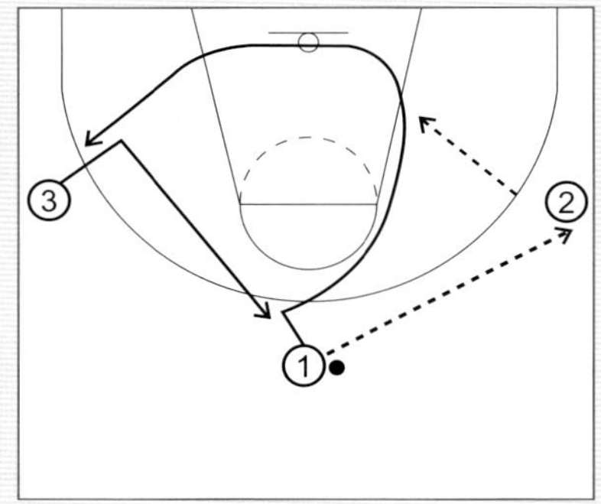 Abb. 51: 3–0 Spielprinzipien
Einführung Blocken / Abrollen • **Demonstration der Technik** Erklärung und Einführung des indirekten Blocks im Spiel 3–3. Verteidigung bewegt sich entsprechend der Ball- und Gegenspielerposition mit.	Lehrer zeigt den Schülern korrekte Körperhaltung und das richtige Abrollen.
• **Übung 3–0 auf einen Korb:** 1–2-Aufstellung im Halbfeld. Ball zur Seite passen und anschließend indirekten Block auf der anderen Seite stellen. (s. Abb. 52)	In festen 3er Gruppen auf einen Korb. Bei Platzmangel je 2 Teams an einem Korb, welche sich abwechseln. Das aussetzende Team bekommt Beobachtungs- oder Betreuungsaufgaben.
Folgende Prinzipien beachten: **Blocknutzer** • Sich in den Rücken der Verteidigung bewegen • Sich anbieten um den Verteidiger zu binden • Warten bis der Block steht • Ganz eng am Blocksteller vorbeilaufen	

Stundenabschnitte und Unterrichtsinhalte	Organisatorische Hinweise

Blocksteller

- Block ganz eng aber ohne Berührung an den Verteidiger stellen
- Korrekte Armhaltung beachten
- Stabil stehen
- Nach dem Blocken abrollen und sich anbieten

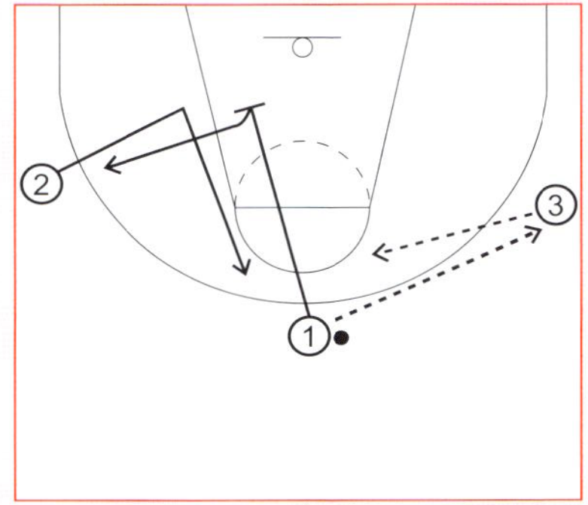

Abb. 52:
3 – 0 mit indirektem Block

Schrittweise Hinzunahme der Verteidigung:
Organisation wie oben.

a) **3 – 1: Verteidiger am Blocknutzer**
Der Verteidiger **muss** versuchen, seinen Gegenspieler wieder zu erreichen, damit die Angreifer Rückmeldung über die Qualität des Blockens und Abrollens bekommen.

b) **3 – 2: Verteidiger am Blocknutzer & Blocksteller**

Die „Rechte" der Verteidiger werden sukzessive freigegeben, d. h., zunächst dürfen die Verteidiger ihre Gegenspieler nicht wechseln *(switchen)*, danach *Switch* Pflicht, danach alles erlaubt.

c) **3 – 3 mit „Scheibenwischerverteidigung":**
Verteidiger sollen möglichst gut verteidigen aber Pässe von Aufbauposition zu Flügelposition absichtlich durchlassen. Die Blockaktion soll so gut wie möglich verteidigt werden, evtl. mit ähnlichen Auflagen wie im Spiel 3 – 2.

Taktischer Hinweis:
Falls sich keine klare Abschlussmöglichkeit bietet, soll möglichst ohne Unterbrechung das Spiel wieder neu organisiert werden. Der Passgeber muss nicht unbedingt einen der beiden am Block beteiligten Spieler anpassen! Es hilft die Erinnerung an das 3 – 0-Kontinuum (s. o.).

Spielphase

Spiel 3 – 3 – 3 auf einen oder beide Körbe

Nach bekannten Regeln (s. S. 51 und S. 69).
Direkte Punkte aus einer Blocksituation werden belohnt, z.B. mit einem Zusatzangriff.

3 bis X Mannschaften.

4er-Teams bilden. Der Auswechselspieler ist Coach.

4 Doppelstunde 15: *Partnerhilfen (2) Direkter Block und Abstreifen*

Direkter Block

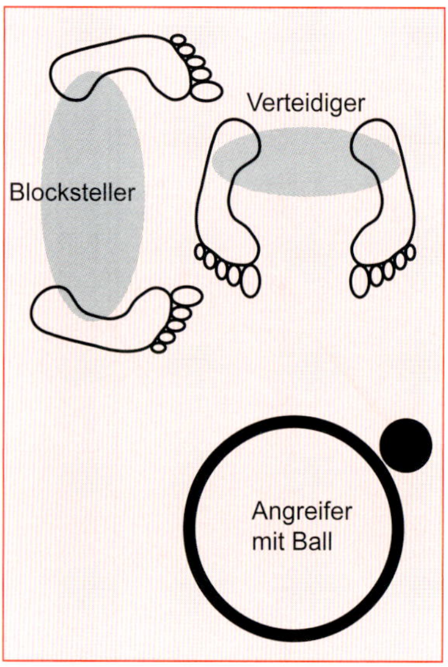

Abb. 53: Fußstellung beim direkten Block

28

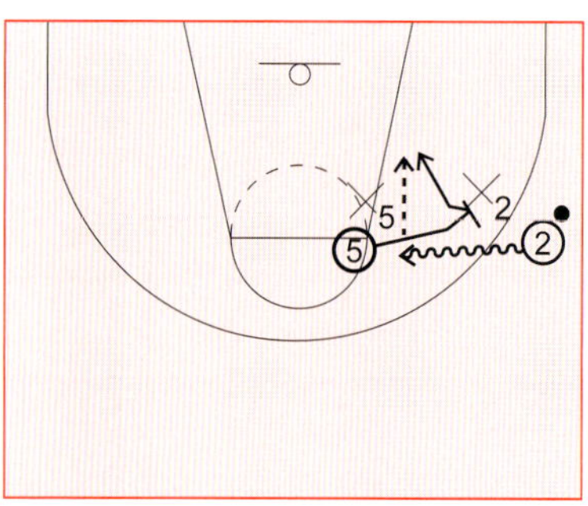

Abb. 54: Direkter Block zwischen Center und Flügel

Beim direkten Block stellt ein Angreifer ohne Ball am Verteidiger des Ballbesitzers einen Block, indem er sich im 90°-Winkel (*T-Stellung*) vor diesem Verteidiger aufstellt und den Fuß des Verteidigers mit seinen eigenen Füßen einrahmt (vgl. Abb. 53).

Der Ballbesitzer wartet solange, bis der Block steht. Er kann auch vorher eine Täuschung in die andere Richtung machen. Nachdem der Block steht, dribbelt der Ballbesitzer eng (Schulter an Schulter) an seinem Mitspieler vorbei, damit der Verteidiger am Blocksteller hängen bleibt. In dem Moment, in dem der Ballbesitzer an der Schulter des Blockstellers vorbei dribbelt, rollt der Blocksteller mit einem Sternschritt rückwärts zum Korb ab. Der blockierte Verteidiger befindet sich danach im Rücken des Blockstellers. Jetzt nutzen die Angreifer die Überzahlsituation aus: Übernimmt der Verteidiger des Blockstellers den Dribbler, passt dieser zu seinem abrollenden Mitspieler; wenn nicht ist

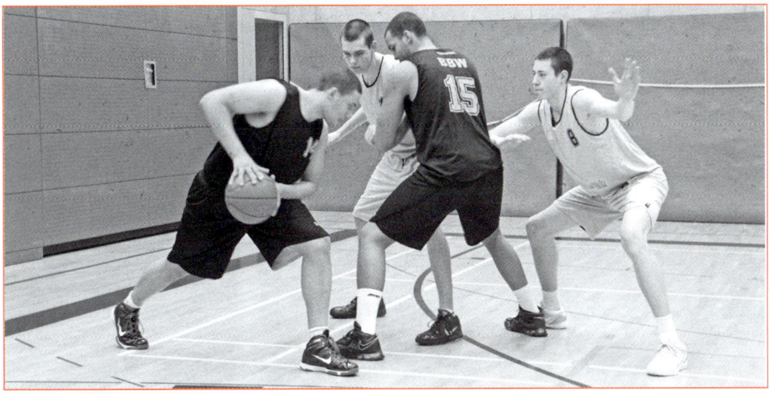

der Weg für den Dribbler zum Korb frei. Eine typische Spielsituation unter Ausnutzung des direkten Blocks ist zum Beispiel das Zusammenspiel zwischen Center und Flügel (vgl. Abb. 54 und Bild 20 und 21).

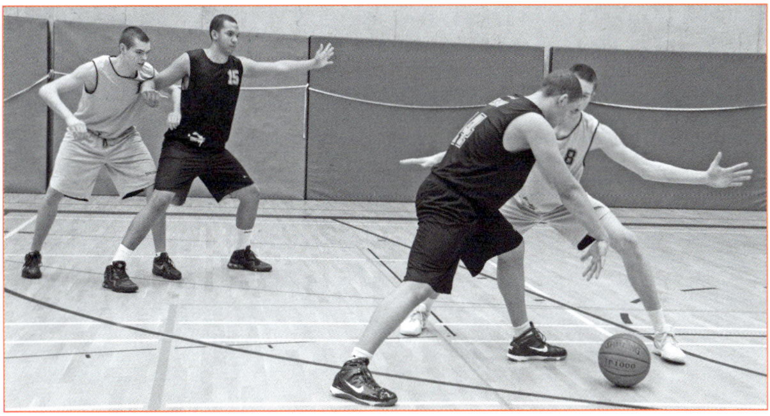

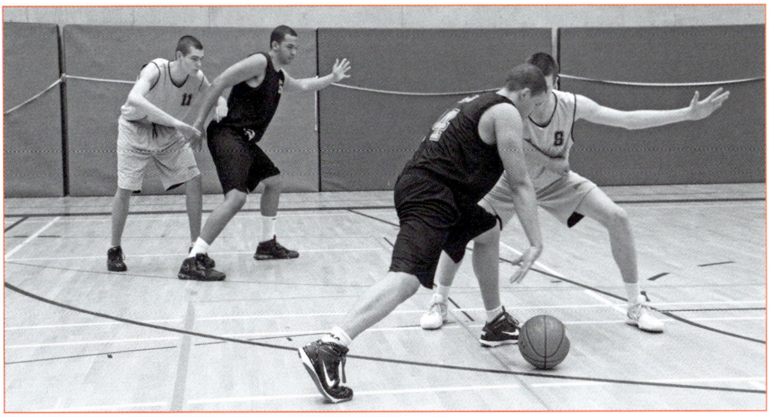

Bild 20 und 21: Direkter Block im 2 – 2

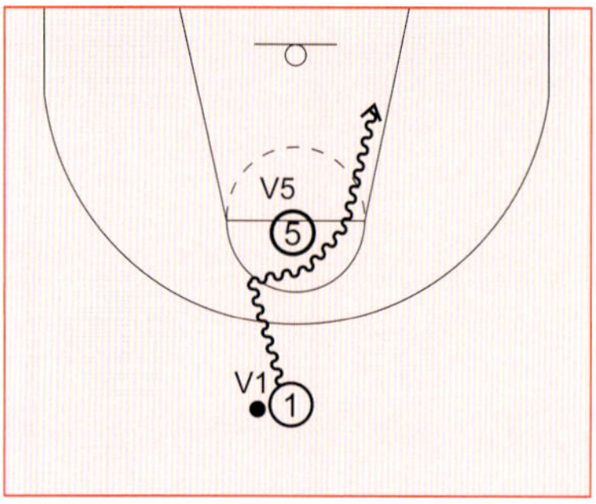

Abb. 55: Abstreifen am hohen Center

Abstreifen

Das Abstreifen ist ein so genannter passiver Block. Dabei versucht ein Angreifer (mit oder ohne Ball) seinen Gegenspieler in einen Mitspieler zu „treiben", d. h. der Blocksteller ***steht*** und der Blocknutzer ***geht*** auf den Blocksteller zu. Der Angreifer läuft dann, wie bei allen Blocks, eng an seinem Mitspieler vorbei um seinen Gegenspieler abstreifen zu können. Der Blocksteller ist zwar vorbereitet (Körperspannung, breite Fußstellung, evtl. auch Abrollen nach dem Block usw.), aber die Initiative geht von dem Mitspieler aus, der sich zum Block hin bewegt. Häufig wird das Abstreifen im Zusammenspiel zwischen hohem Center (*Highpost*) und Aufbauspieler genutzt (vgl. Abb. 55).

Methodischer Hinweis zum Erlernen des direkten Blocks:

Aufgrund der Komplexität (Mitspieler und 2 Gegenspieler beobachten, dabei den Ball kontrollieren und noch eine schnelle, gute Entscheidung treffen) ist es hilfreich, beim Üben zunächst die Verteidiger-Aktionen einzuschränken, um dem Ballführer die Entscheidungen zu vereinfachen.

1. Beispiel: In der Übungsform 2 – 1 (S. 110) wird dem Verteidiger des Blocknutzers nur erlaubt, über den Block zu gehen und als Ziel seinen eigenen Gegner auf jeden Fall zu verteidigen.
   Blocksteller und Blocknutzer würden im Fall einer erfolgreichen Verteidigung (Verteidiger kann dem Ballbesitzer folgen) ihre Fehler registrieren. Gleichzeitig muss der Ballbesitzer entscheiden, ob er zum Korb zieht (Weg frei) oder den Pass auf den Abrollenden spielt.

2. Beispiel: In der Übungsform 2 – 2 (S. 110) kann den Verteidigern vorgegeben werden, dass sie entweder *switchen* müssen (Gegenspieler tauschen) oder eben gar nicht *switchen* dürfen.
   Je nach Schwerpunktsetzung kann entweder das Abrollen (und der Pass auf den Abrollenden) oder das Ziehen zum Korb gezielter geübt werden.

Hier gibt es Ähnlichkeiten zum Entscheidungstraining (S. 49).

Stundenverlauf Doppelstunde 15: *Partnerhilfen (2) Direkter Block und Abstreifen*

Stundenabschnitte und Unterrichtsinhalte	Organisatorische Hinweise
Aufwärmphase	
Brettspiel mit mindestens 2 Zielen Ein Team bekommt einen Punkt, wenn ein Spieler den Ball an ein Brett wirft und ein Mitspieler den Ball fängt, bevor dieser auf den Boden fällt. Fängt ein Gegenspieler den Ball, bekommen die Gegner einen Punkt!	2 Mannschaften (X – X) , ganze Halle nutzen. Schüler sollen an der Spielgestaltung aktiv (Regelveränderungen) mitwirken.
Dehnen und Kräftigen mit Ball oder anderen Kleingeräten	Je Schüler ein Kleingerät. Dieser Teil kann als Arbeitsauftrag an einen Schüler vergeben werden.
Übungsphase	
Festigen *Blocken und Abrollen* Erklärung und Einführung des *direkten Blocks* im Spiel 2 – 0 Demonstration der Technik *Direkter Block* Unterschied *Direkter* und *Indirekter Block* Folgende Prinzipien beachten: **a) Blocknutzer = Ballbesitzer** • Durch Täuschungen den Verteidiger binden. • Warten bis der Block steht. • Ganz eng am Blocksteller vorbeidribbeln. **b) Blocksteller** • Block eng aber ohne Berührung am Verteidiger stellen. • Korrekte Armhaltung beachten. • Stabil sein. • Nach dem Blocken abrollen und sich anbieten, Signal ist das erste Dribbling des Mitspielers.	Lehrer zeigt den Schülern korrekte Körperhaltung und das richtige Abrollen. In festen 2er Gruppen auf einem Viertelfeld; Gruppen rotieren als gesamte Gruppe. 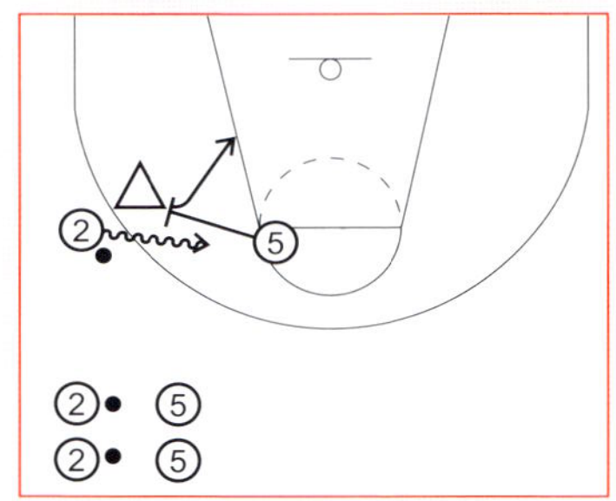 Abb. 56: Übung 2 – 0

Stundenabschnitte und Unterrichtsinhalte	Organisatorische Hinweise
Abstreifen am *Highpost*	2 bis 4 Mannschaften je Korb
Ziel: Abstreifen des eigenen Verteidigers an einem Mitspieler; Ausnutzen des Mitspielers als „passiven Block“. Das Abstreifen wird in methodischen Schritten eingeführt: • 2 – 0 • 2 – 1 (Verteidiger beim Blocknutzer) • 2 – 2 Spiel als Trainingsform, erfolgreiche Blocksituationen sollten belohnt werden.	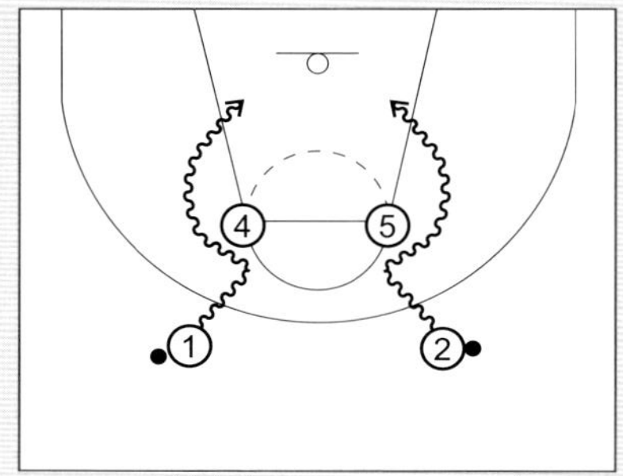 Abb. 57: Abstreifen am *Highpost*
Festigung und Vertiefung des direkten Blocks im Spiel 2 – 2:	
In der Spielsituation sollten gelungene Angriffselemente immer wieder belohnt und herausgehoben werden.	An jedem Korb können bis zu 8 Schüler gleichzeitig üben.
Spielphase	
Spiel 4 – 4 auf einen oder zwei Körbe mit Anwendung vorher abgesprochener gruppentaktischer Angriffsmittel.	4 bis 6 Mannschaften
Vor Beginn des Spiels findet eine Teambesprechung statt: Absprache von Zeichen / Codes für ein bis zwei kleinere Spielzüge, z.B. Block und Abrollen zwischen *Highpost* und Flügel.	Schiedsrichtertätigkeit durch Schüler Auswechselspieler sind Coaches.

5 Doppelstunde 16: *Schnellangriff mit allen Spielern*

Die grundlegenden Prinzipien des Schnellangriffs wurden in den Klassen 7 bis 9 eingeführt. Der dort vorgestellte und umgesetzte *organisierte Schnellangriff* basierte auf dem Prinzip, dass die Spieler, die nicht am Rebound beteiligt sind, in der zeitlich ersten Angriffswelle spielen. Da meist beide Center am *Defensiv-Rebound* beteiligt sind, folgen sie dieser ersten Angriffswelle in zeitlichem Abstand. Sie können, falls bis dahin kein Abschluss stattgefunden hat, als *Trailor* (nachfolgende Spieler) eingesetzt werden. Hierbei gilt: der erste Center schneidet auf der Ballseite zum Korb und schließt bei Pass möglichst korbnah ab. Der zweite Center (*Rebounder*) folgt in kurzem Abstand und bietet sich in der Regel auf Höhe der Freiwurflinie an. Für den Fall, dass keiner der beiden Center den Ball erhält, stehen die Angreifer in ihrer typischen 1–3–1-Aufstellung. Es kann deshalb sofort in den Positionsangriff 5–5 übergegangen werden.

An den Prinzipien und Laufwegen des Schnellangriffs mit drei Spielern ändert sich lediglich, dass der Aufbauspieler nach Pass auf eine Seite

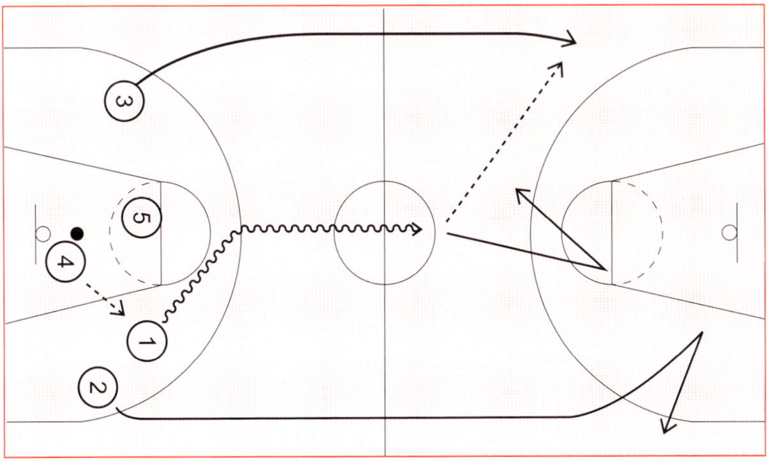

Abb. 58: Laufwege der 1. Welle beim Schnellangriff

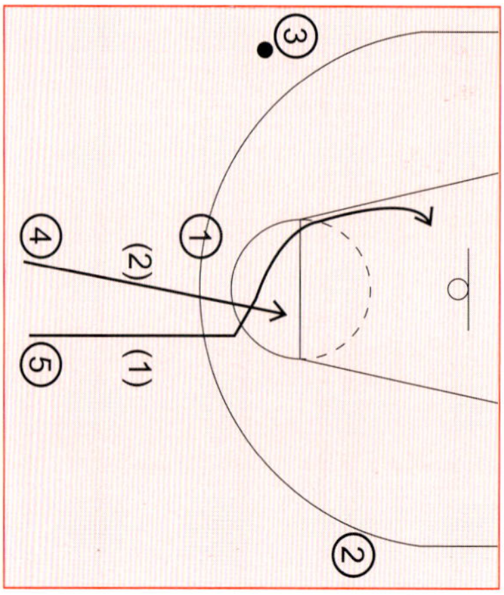

Abb. 59: Einsatz der Centerspieler als Trailor beim Schnellangriff (Fortsetzung von Abb. 58)

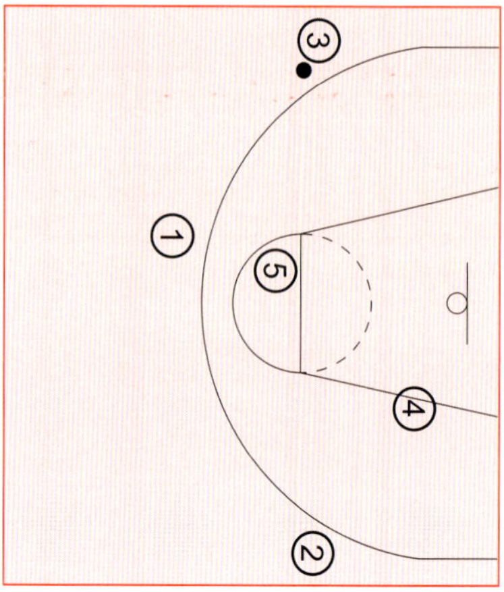

Abb. 60: 1–3–1-Aufstellung beim Übergang vom Schnellangriff in den Angriff 5–5 (Fortsetzung von Abb. 59)

die Freiwurfecke auf der Gegenseite besetzt, um den nachfolgenden Centern für einen *Cut* Platz zu machen. Er ist darüber hinaus als so genannter *Safety* für die eigene Rückfeldsicherung verantwortlich. Abb. 58 zeigt die Laufwege der ersten Welle, Abb. 59 die Laufwege der beiden nachfolgenden Center (*Trailor*). Abb. 60 stellt die 1–3–1-Aufstellung als Übergang in den Positionsangriff 5–5 dar.

Stundenverlauf Doppelstunde 16: *Schnellangriff mit allen Spielern*

Stundenabschnitte und Unterrichtsinhalte	Organisatorische Hinweise
Aufwärmphase	
Kombinationen von Dribbling und Korbleger Die Schüler dribbeln durch die ganze Halle und schließen nach verschiedenen Vorgaben korbnah ab. Beispiele: ● Korbleger rechts oder links. ● Sprungwurf mit Einkontaktstopp. ● *Power-Move* mit Innen- und Außenhand. Nach jedem Wurf muss ein anderer Korb angelaufen werden.	Jeder Schüler hat 1 Ball, die gesamte Halle wird genutzt.
X – X auf alle Körbe Basketball ohne Dribbeln und ohne Aus-Regel mit beliebig vielen Spielern (vgl. S. 50). Es darf nicht zweimal nacheinander auf den selben Korb geworfen werden.	Regelvariante: Nach Korberfolg behält die Mannschaft den Ball, welche den Rebound holt.
Schnellangriff mit 3 Spielern auf drei Spuren (Wiederholung) ● **Situation 3 – 0:** Auf möglichst zwei Feldern werden die Laufwege in Dreiergruppen erarbeitet bzw. wiederholt. Folgende Spielprinzipien gelten (vgl. S. 82 ff.): 1. Besetzen der Spuren 2. Ballvortrag in der Mitte 3. Schneller Pass auf die Außenspur 4. Zwei Passrichtungen erhalten 5. Mittelspieler bleibt an der Freiwurflinie stehen und bietet sich an ● **11 – Men – Drill (3 – 2-Kontinuum):** 3 Angreifer spielen gegen 2 Verteidiger. Nach einem Wurf oder Ballverlust wird der *Rebounder* (einer der 5 Spieler) mit den beiden außen stehenden Spielern (O_4 und O_5) zum neuen Angriffsteam, das auf den anderen Korb 3 – 2 (X_3 und X_4) spielt. Die vier übrigen Spieler füllen die frei gewordenen Positionen X_1, X_2, O_4 und O_5 wieder auf. Bei mehr als 11 Spielern werden die Wartepositionen doppelt besetzt. (vgl. Abb. 61).	Halle wird in zwei Felder aufgeteilt. Es werden entweder feste Dreiergruppen gebildet oder die Dreiergruppen entstehen aus einer Rotation. 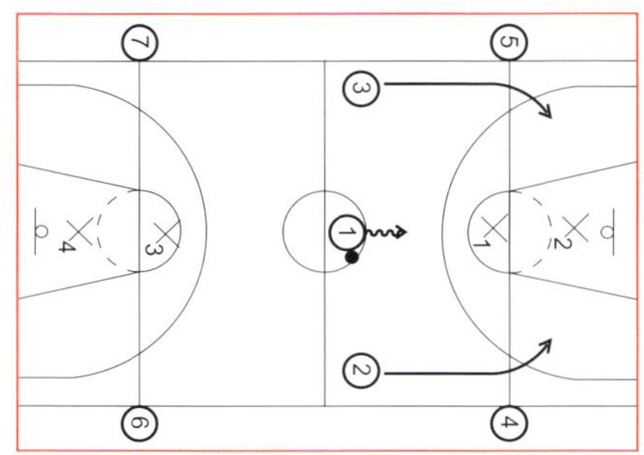 Abb. 61: 11 – Men – Drill

Stundenabschnitte und Unterrichtsinhalte	Organisatorische Hinweise
Übungsphase	
Übung 1: Einbau eines *Trailors* in der Situation 4 – 0: Vier Angreifer, alle Prinzipien werden aus dem 3 – 0 übernommen. NEU: der Aufbauspieler besetzt nach seinem Pass die ballferne Ecke der Freiwurflinie, der *Trailor* schneidet auf der Ballseite zum Korb (vgl. Abb. 62).	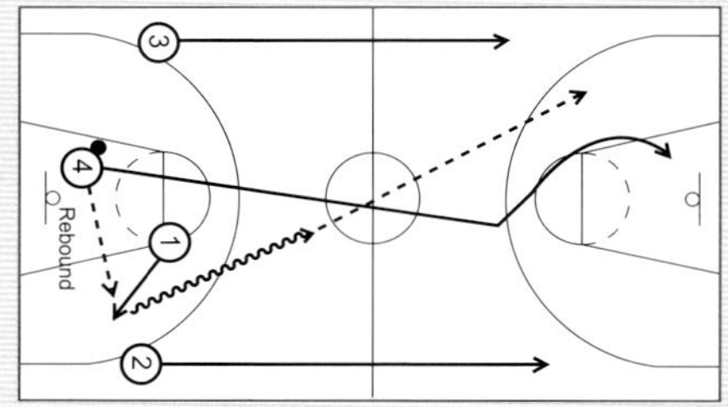 Abb. 62: Laufwege beim Schnellangriff 4 – 0. 29
Übung 2: Situation 4 – 2: Vier Angreifer spielen einen Schnellangriff gegen zwei Verteidiger, die Angreifer sollten die erarbeiteten Prinzipien berücksichtigen. Schwerpunkt: Einsatz des *Trailors*.	3 bis 4 Trainingsgruppen mit oder ohne Rotation Die Verteidiger warten in der gegenüberliegenden Spielfeldhälfte.
Übung 3: Situation 5 – 0: Erklären der Funktion des *Safety* im 5 – 0. Laufwege festigen (vgl. Abb. 63)	3 bis 4 Trainingsgruppen mit oder ohne Rotation 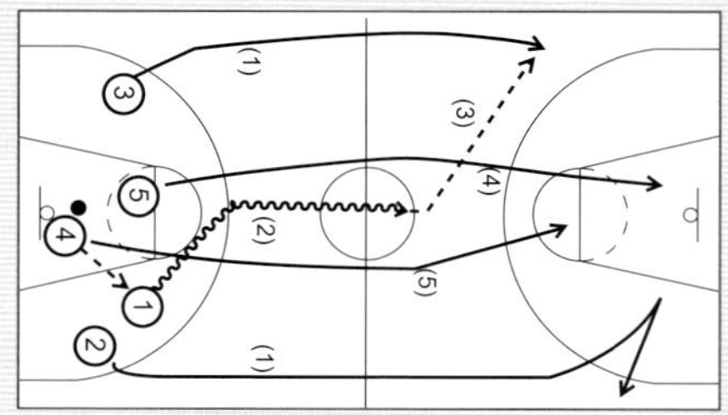 Abb. 63: 5 – 0 Schnellangriff 30
Spielphase	
Transition-Game: 5 – 5 mit Abklatschen Es wird 5 – 5 gespielt. In jedem Team sind aber mindestens 7 Spieler. Die Auswechselspieler stehen unter dem eigenen Korb. Immer wenn ein Team vom Angriff in die Verteidigung wechselt (*Transition Defense*), muss ein Spieler zur Grundlinie laufen und per Handschlag wechseln. Dadurch entsteht eine kurzfristige Überzahl 5 – 4.	Regelvariante: Wer mit Schnellangriff punktet bleibt in Ballbesitz.

6 Doppelstunde 17: *Mann – Mann-Verteidigung im Spiel 5 – 5*

Das individuelle Verteidigungsverhalten in der Mann-Mann-Verteidigung wurde bereits in den Klassen 5 bis 9 erarbeitet (vgl. vor allem Doppelstunde 9: *Verteidigung V_B, V_1 und V_2*). Aufgabe dieser Doppelstunde ist, den Schülern aufzuzeigen, dass im Basketball alle fünf Verteidiger in einer Mannschaft als ein zusammenhängender Deckungsverband agieren. Zu diesem Zweck wird die sinkende Mann-Mann-Verteidigung (MMV) eingeführt. Bei der sinkenden MMV wird am Ballbesitzer und im ersten Passweg eng verteidigt. Die Verteidiger im zweiten Passweg sinken zum Korb ab, um bei einem möglichen Durchbruch aushelfen zu können. Ein Beispiel für eine sinkende MMV zeigen die Abb. 64 und 65.

Die **Grundsätze** für die Verteidiger sind folgende:

- Den Ball möglichst aus der Mitte heraushalten, damit eine Ballseite und eine Hilfsseite entstehen kann. Die Ballseite und die Hilfsseite sind durch die Korb-Korb-Linie getrennt (vgl. Abb. 64).
- Der Verteidiger des Dribblers drängt diesen zur Seite ab.
- Die Verteidiger im ersten Passweg stehen in der *Deny*-Position (s. Doppelstunde *Verteidigung V_B, V_1 und V_2*).
- Die Verteidiger im zweiten Passweg sinken in die Zone ab, um helfen zu können.
- Nach einem Pass orientieren sich alle Verteidiger neu in Richtung des Balles.

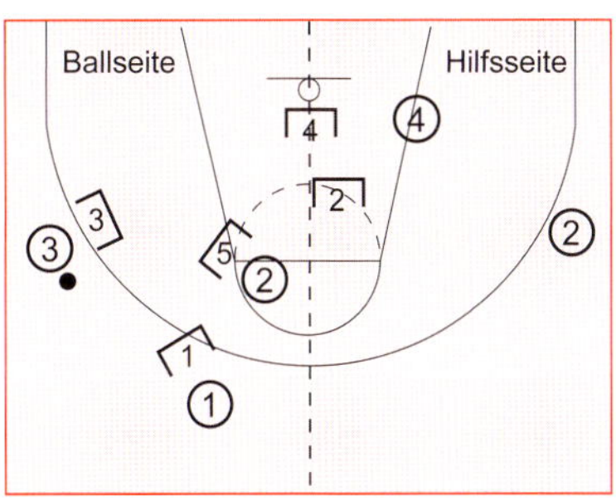

Abb. 64: Aufstellung der MMV bei einer 1–3–1-Angriffsaufstellung.

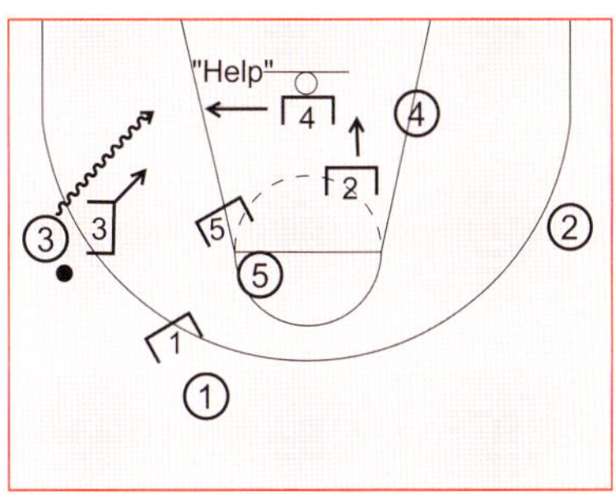

Abb. 65: *Help* und *Help the Helper* bei Durchbruch des Flügelspielers

- Jeder Verteidiger muss den Ball und seinen Gegenspieler sehen können.
- Wenn ein Angreifer zum Korb durchbricht wird von der Hilfsseite ausgeholfen (*Help*; vgl. Abb. 65).
- Wenn ein Verteidigungsspieler in der Zone aushilft, muss der nächste Verteidiger dem Helfer helfen (*Help the Helper*; vgl. Abb. 65).

Methodische Hinweise

Um den Charakter einer „Teamdefense“ zu betonen, kann man direkt im Spiel 5 – 5 starten. Das Angreiferverhalten wird allerdings über bestimmte Vorgaben hinsichtlich Passtempo, Bewegungsmöglichkeiten, Anzahl der Dribblings o. Ä. zunächst begrenzt und später zunehmend freigegeben, um die Schüler nicht zu überfordern.

Dabei ist es sinnvoll, die Angreifer als „Trainer der Verteidiger“ einzusetzen: die Angreifer sollen einerseits ihre eigenen Gegenspieler korrigieren, andererseits das Spieltempo eigenverantwortlich so gestalten, dass die Verteidiger nicht überfordert werden bzw. die Aufgabe gerade so eben erfüllen können. Parallel dazu sind alle Übungs- und Spielformen mit reduzierter Spielerzahl aus den Verteidigungs-Stunden zuvor hilfreich, nun aber mit den speziellen Handlungsmöglichkeiten der sinkenden MMV.

Stundenverlauf Doppelstunde 17: *Mann – Mann-Verteidigung im Spiel 5 – 5*

Stundenabschnitte und Unterrichtsinhalte	Organisatorische Hinweise
Aufwärmen	
Brettspiel mit verschieden Schwierigkeitsstufen (vgl. S. 109) Erweiterung für die Verteidigung: Der Ballbesitzer kann durch Berühren verteidigt werden, d.h. wird er von einem Verteidiger berührt, darf er während des aktuellen Ballbesitzes nicht mehr ans Brett werfen, sondern muss weiterspielen.	2 gleich große Mannschaften, über das ganze Feld
Dehnen und Kräftigen	Individuell, möglich ist hier auch die Vergabe dieses Unterrichtsteils an Schüler als Arbeitsauftrag.
Übungsphase	
Wiederholung: 3 – 3 mit „passiven“ Angreifern auf einen Korb Ziele: • Wiederholen der Verteidigungsprinzipien V_B, V_1 und V_2 • Wiederholen und Festigen der folgenden Begriffe: – Korb-Korb-Linie – Ball- und Hilfsseite – Helfen und zurück – Immer den Ball im Blick haben – Passwegverteidigung Angreifer dienen als Orientierungshilfe (vgl. S. 74).	Alle Korbanlagen nutzen In 6-er Gruppen üben und trainieren Ballposition wird vorgegeben Verteidiger müssen je nach Ballposition die richtige Verteidigungsstellung und -position einnehmen.

Stundenabschnitte und Unterrichtsinhalte	Organisatorische Hinweise
Übungsform 3–3 „*walk through*" Help-Verteidigung Wenn ein Flügelspieler den Ball erhält, soll dieser langsam zur Grundlinie in Richtung Korb ziehen. Der Verteidiger lässt sich „überdribbeln" und ruft „help!". Der Verteidiger von der *Helpside* kommt zur Hilfe, diesem wird vom nächsten Helfer geholfen (vgl. S. 115 / 116).	2–3 Teams pro Korb. Wechsel: Nach 5 Angriffen werden die Angreifer zu Verteidigern, die Verteidiger haben Pause, neue Angreifer kommen auf das Feld. Methodische Hilfe: Die Angreifer sind anfangs die Coaches der Verteidiger und spielen so schnell, wie die Verteidiger noch richtige Entscheidungen treffen können. Zu Beginn ohne Positionswechsel (*Cuts*) der Angreifer.
Übung 4–4 auf einen 1 Korb, zunächst im „walk through" Organisation der *Help-* und *Help-the-helper-*Verteidigung im Spiel 4–4, also mit zusätzlichem Center (vgl. Abb. 64 und 65). Und: Verdeutlichung der Centerverteidigung im 4–4 auf einen Korb. Besonderheiten der Centerverteidigung: • Seitliches Stehen am Angreifer • Körper zwischen Angreifer und Ballbesitzer	Je Korbanlage 2 Mannschaften à 4 - 5 Spieler Methodische Hilfe wie oben.
Spielphase 2	
Spiel 5–5 auf einen Korb Transfer der erlernten und gefestigten Prinzipien auf die Spielsituation 5–5. Die Angreifer sollen aus einer 1–3–1-Angriffsaufstellung spielen (vgl. Abb. 64).	4 bis 5 Mannschaften Schiedsrichter wird durch die spielfreien Mannschaften gestellt.

7 Doppelstunde 18: *Ball-Raum-Verteidigung im Spiel 5–5*

Bei der Ball-Raum-Verteidigung (BRV oder „Zone“) sind die Verteidigungsaufgaben nicht an einem direkten Gegenspieler, sondern an der Ballposition und einem bestimmten Raum orientiert. Erhält ein Angreifer in diesem Raum den Ball oder dribbelt ein Angreifer in diesen Raum, so muss dieser Spieler nach den Prinzipien der MMV verteidigt werden! Befinden sich mehrere Angreifer ohne Ball in diesem Raum, muss ein Anspiel durch entsprechendes Stellungsspiel zu allen Angreifern gleich gut verhindert werden. An den Schnittstellen der einzelnen Räume werden die Gegenspieler an den nächsten Verteidiger übergeben.

Grundprinzipien einer BRV sind:

- Am Ball wird nach den Prinzipien der MMV verteidigt.
- Alle Spieler müssen den Ball beobachten und bewegen sich (gleichzeitig) mit dem Ball.
- Die Spieler verschieben sich innerhalb ihrer Räume grundsätzlich in Richtung Ball.
- Beim Zuspiel in die Zone wird der Raum durch die Verteidiger eng gemacht.
- Durch die Zone schneidende Spieler werden vom zuständigen Verteidiger lautstark angekündigt und an den nächsten Verteidiger übergeben, bis dahin wird der Laufweg des Angreifers verteidigt.

In der folgenden Doppelstunde wird die 2–1–2-Zone eingeführt (vgl. Abb. 66 bis 70):

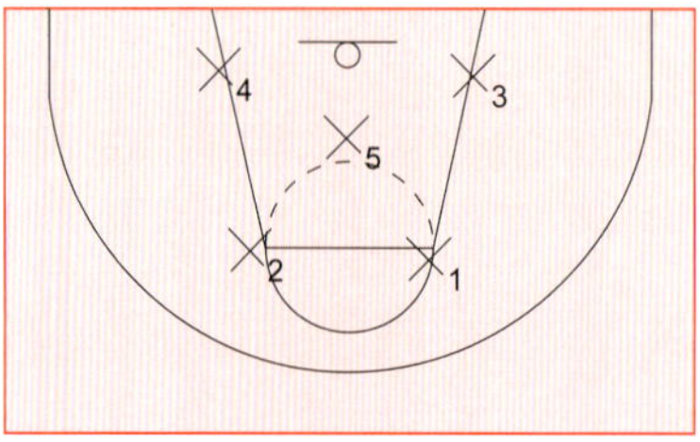

Abb. 66: Grundaufstellung der 2 – 1 – 2-Zone

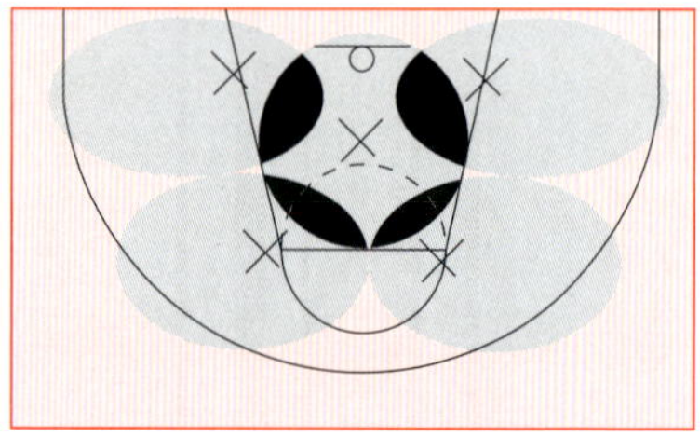

Abb.67: Verteidigungsräume. Der Spieler in der Mitte hat die ganze Zone zu verteidigen.

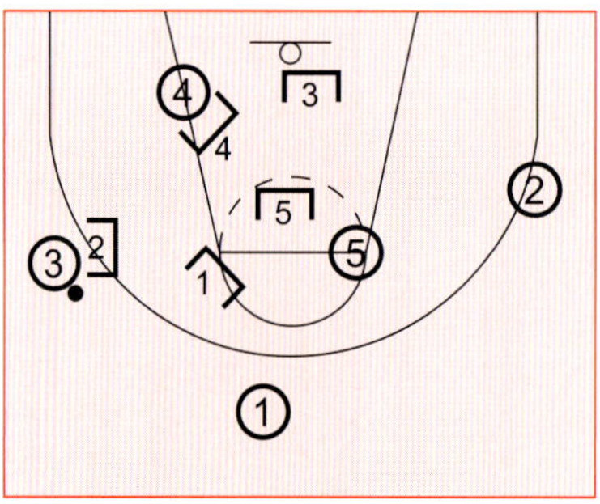

Abb. 68

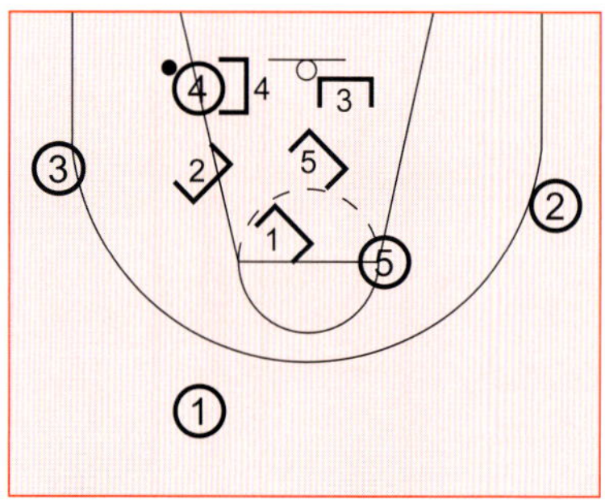

Abb. 69

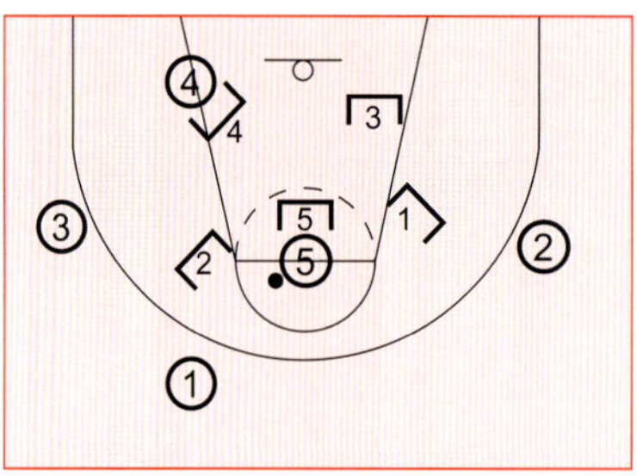

Abb. 70

Abb. 68–70:
Verschieben der Verteidiger in Richtung Ball in einer 2–1–2-Zone.

Methodische Hinweise

Im Folgenden wird zunächst ein methodischer Weg zum Erlernen der Grundprinzipien einer BRV aufgezeigt. Will man danach eine bestimmte Zone einführen, ist es wie schon bei der sinkenden MMV sinnvoll, ganzheitlich vorzugehen und das Angreiferverhalten zunächst zu begrenzen (vgl. Doppelstunde 17: *Verteidigung im Spiel 5 – 5 MMV*).

Stundenverlauf Doppelstunde 18: *Ball-Raum-Verteidigung im Spiel 5 – 5*

Stundenabschnitte und Unterrichtsinhalte	Organisatorische Hinweise
Aufwärmphase	
Mützenspiel Je ein Spieler im Feld hat eine Mütze auf. Ziel ist die Eroberung der Mütze. Wird ein Spieler vom Mützenträger berührt, hat dieser eine Zusatzaufgabe (z. B. basketballspezifische Bewegungen / Sprünge usw.) zu bewältigen.	5 – 7 Spieler auf einem Viertelfeld.
Dehnen und Kräftigen	Individuell. Möglich ist die Vergabe dieses Unterrichtsteils an Schüler als Arbeitsauftrag.
Übungsphase	
Übung 1: Situation 2 – 1 Erlernen der Verteidigungsprinzipien einer Ball-Raum-Verteidigung, Erlernen der Bewegung zum Ball und in den Raum, Wechsel von Ballverteidigung und Verteidigung des Raumes. Zunächst passen sich die zwei Angreifer den Ball nur zu; dann haben sie maximal 6 Pässe bis geworfen werden muss. Bei Treffer bleibt der Verteidiger in seiner Rolle, bei Fehlwurf wird der Werfer zum neuen Verteidiger. Wichtig: Passfrequenz muss durch den Lehrer am Anfang genau vorgegeben werden. (s. Abb. 71)	Alle Korbanlagen nutzen. Üben und trainieren in 3-er Gruppen. 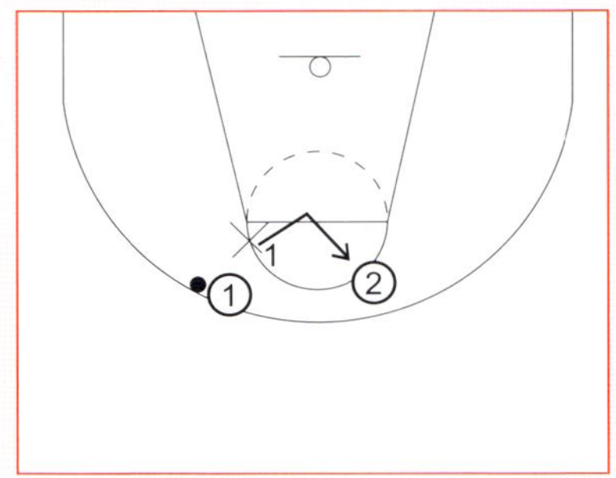 Abb. 71: Situation 2 – 1

31

Stundenabschnitte und Unterrichtsinhalte	Organisatorische Hinweise

Hauptteil

Übung 2: Situation 3 – 2

Erlernen einer einfachen Rotation in einer BRV durch Üben und Trainieren in 5-er Gruppen. Verteidiger stehen in einer Tandemaufstellung (vgl. Abb. 72 und 74).

Prinzipien für die Verteidiger:

- Nie von Ballbesitzer zu Ballbesitzer rotieren
- Nach Pass in Richtung Ball und Korb absinken
- Immer der nächste Spieler geht zum Ball

Regeln für die Angreifer sukzessive aufschalten:

- Erst ohne Dribbling, nur Sternschritt erlaubt
- Ball muss einmal um die Hüfte kreisen vor weiterer Aktion

Dann:

- Passfrequenz erhöhen
- Dribbling zulassen
- Positionswechsel (ca. 2 m Radius) eingeschränkt erlauben
- Frühestens nach dem 4. Pass werfen

Alle Korbanlagen nutzen

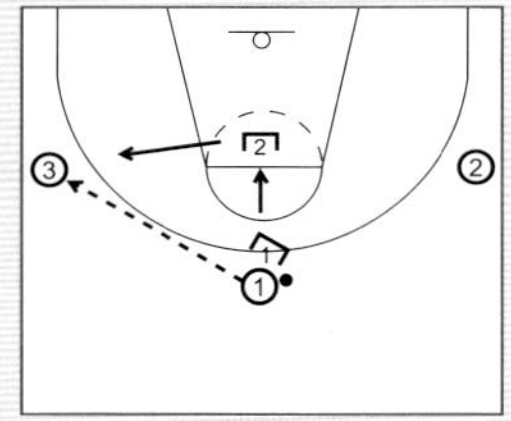

Abb. 72a: Situation 3 – 2

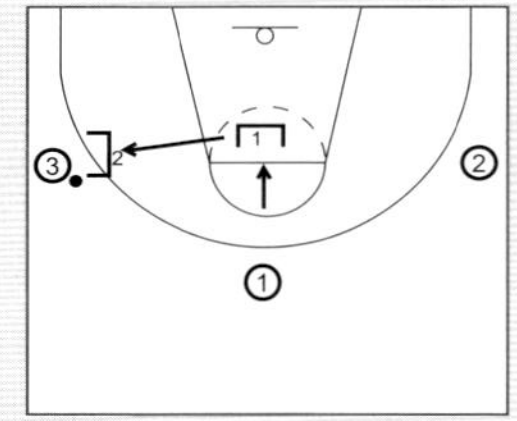

Abb. 72b Fortsetzung

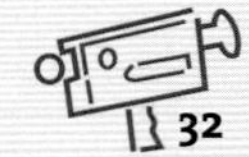

Übung 3: Situation 4 – 3

Lernen einer gemeinschaftlichen Verteidigungsbewegung in Bezug auf die Ballposition und den Raum.

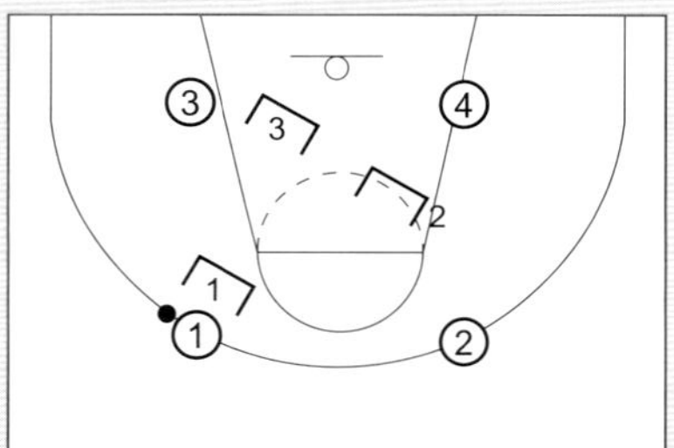

Abb. 73: Situation 4 – 3-Keil-bildung zum Ball

Alle Korbanlagen ausnutzen
Üben und trainieren in 7er Gruppen

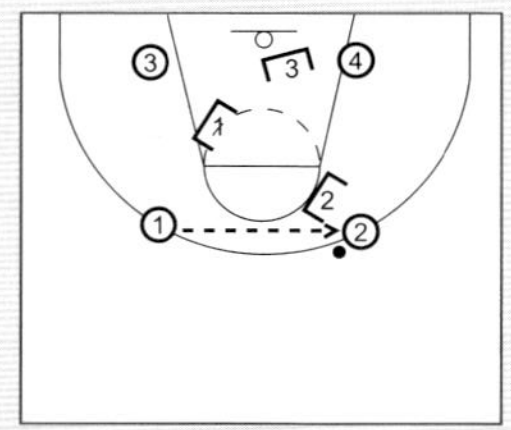

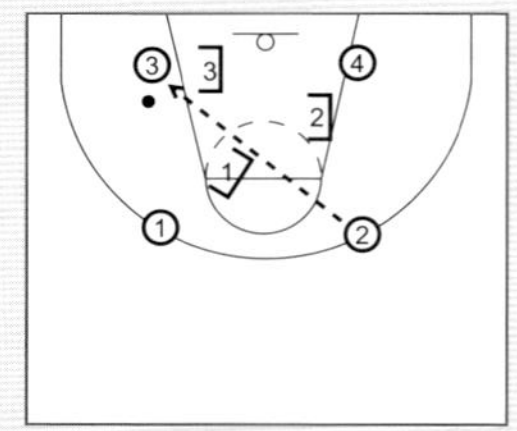

Abb. 74a und b: Nach Pass Orientierung zum Ball

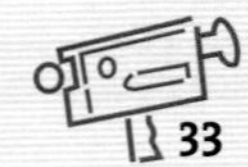

Stundenabschnitte und Unterrichtsinhalte	Organisatorische Hinweise
Übung 4: Übungsspiel 5–5 auf einen Korb Demonstration in der Situation 5–5. Die Angreifer nehmen eine *1–3–1-Aufstellung* ein. Die Spieler stehen auf ihren Positionen und passen den Ball erst auf Zeichen des Lehrers weiter. Die Verteidiger agieren in einer 2–1–2-Zonenaufstellung. Lehrer erklärt die Aktionsräume und Aufgaben der einzelnen Verteidiger.	Beide Hauptkörbe des Spielfeldes nutzen. Zunächst im „*walk through*“, danach sukzessive die Aktionen der Angreifer freigeben, zuerst wie im Spiel 3–2, dann zusätzlich: ● Passgeber darf *Cut* durchführen ● Alle dürfen *Cuts* durchführen
Spielphase	
Spiel 5–5 auf einen Korb oder über das ganze Feld Transfer der erlernten Prinzipien auf die Spielsituation 5–5. Es wird eine 2–1–2-Zonenaufstellung gewählt.	3 bis 4 Mannschaften Schiedsrichter werden durch die spielfreien Mannschaften gestellt.

ANHANG

Literatur

BRAUN, R. (1999). Die „5 Regeln" des Basketballspiels im Sportunterricht. *Lehrhilfen für den sportunterricht 48* (10), 158.

CACHAY, K. & DIGEL, H. (1981). Handball in der Schule. In Grupe, O. (Hrsg.), *Sport – Theorie in der gymnasialen Oberstufe. Band 2: Sportartspezifische Beiträge / Teil II.* Schorndorf: Hofmann.

DIETRICH, K. (1975). *Fußball: Spielgemäß lernen – spielgemäß üben.* Schorndorf: Hofmann.

DIGEL, H. (1980). Regeln im Sport. In GRUPE, O. (Hrsg.), *Sport – Theorie in der Gymnasialen Oberstufe. Band 1: Sportartübergreifende Beiträge.* Schorndorf: Hofmann.

FISETTE, J. L. (2006). Spielverständnis lehren durch das „Taktik-Spiel-Modell" – Beispiel Bas-ketball. *sportunterricht 55* (9), 267–272.

GETROST, V. & WICHMANN, K. (1996). Überzahl-Spielreihe. In HAGEDORN, G., NIEDLICH, D. & SCHMIDT, G. J. (Hrsg.), *Basketball-Handbuch* (S. 314–317). Reinbek: Rowohlt.

HAGEDORN, G., NIEDLICH, D. & SCHMIDT, G. J. (Hrsg.). (1996). *Basketball-Handbuch.* Reinbek: Rowohlt.

KLENK, C. (2004). Schulsport in Baden-Württemberg. Eine Schülerbefragung zum Schulsport an Gymnasien. *sportunterricht 53* (8), 233–239.

KOHL, K. (1990). Über die Zentrierung im Sportspiel. Zur Diskussion des Begriffs der Spielfähigkeit. In Hagedorn, G. & Andresen, R. (Hrsg.), *Allgemeine und sportspezifische Spielfähigkeit.* Ahrensburg: Czwalina.

KÖNIG, S. (1997). Zur Vermittlung von Spielfähigkeit in der Schule. Überlegungen zu einem lehrplanorientierten und pragmatischen Vermittlungskonzept. *sportunterricht 46* (11), 476–486. (a)

KÖNIG, S. & ZENTGRAF, K. (1999). Handball als Schulsport – Fragen über Fragen. *Sportunterricht 48* (7,) 269–279.

KÖNIG, S. (1997). Basketball – Ein Vermittlungskonzept für die Schule. *Lehrhilfen für den sportunterricht 46* (11), 161–169. (b)

KÖNIG, S., MEMMERT, D., NAGEL, S., ROTH, K. & ZENTGRAF, K. (2002). Spielerisches Taktiklernen: Vom Multitalent zum Spezialisten. In FERGER, K., GISSEL, N. & SCHWIER, J. (Hrsg.), *Sportspiele vermitteln, trainieren, erleben* (S. 125–146). Hamburg: Czwalina.

König, S., Rogoll, T. & Weinans, A. (1993). Wenn Schüler und Lehrer im Sport zusammenarbeiten ... Handlungsfähigkeit als didaktische Leitidee in der Oberstufe. *sportunterricht 42* (10), 434–444.

Konzag, G. & Konzag, I. (1980). Anforderungen an die kognitiven Funktionen in der psychi-schen Regulation sportlicher Spielhandlungen. *Theorie und Praxis der Körperkultur, 29*, 20–31.

Konzag, I. (1990). Handlungsregulation in den Sportspielen und Folgerungen für den Ausbildungsprozess der Spielfähigkeit. In Hagedorn, G. & Andresen, R. (Hrsg.), *Allgemeine und sportspezifische Spielfähigkeit* (S. 49–59). Ahrensburg: Czwalina.

Kugelmann, C. (1995). Basketball – ein Spiel im Wandel. *Sportpädagogik 19* (1), 13–19.

Kurz, D. (1986). Handlungsfähigkeit im Sport – Leitidee einer pragmatischen Fachdidaktik. In Spitzer, G. & Schmidt, D. (Red.), *Sport zwischen Eigenständigkeit und Fremdbestimmung*. Bonn: Wegener.

Kurz, D. (1990). *Elemente des Schulsports. Grundlagen einer pragmatischen Fachdidaktik*. Schorndorf: Hofmann.

Kurz, D. (1998). Schulsport in Nordrhein-Westfalen. Das pädagogische Konzept der Richtlinien- und Lehrplanrevision. *sportunterricht 47* (4), 141–147.

MSWWF (Hrsg.). (1999). *Richtlinien für die Grundschule in Nordrhein-Westfalen: Sport*. Frechen.

Niedlich, D. (1996). Geschichte des Basketballspiels. In Hagedorn, G., Niedlich, D. & Schmidt, G. J. (Hrsg.), *Basketball-Handbuch* (S. 21–28). Reinbek: Rowohlt

Roth, K. (1996). Techniktraining im Spitzensport. Rekonstruktion, Zusammenfassung und Validierung der Alltagstheorien erfahrener und erfolgreicher Trainer. Köln: Sport und Buch Strauß.

Roth, K., Kröger, C. & Memmert, D. (2002). *Ballschule Rückschlagspiele*. Hofmann: Schorndorf.

Schülting-Enkler, W. (2003). Abiturfach Sport in den 16 Bundesländern. *sportunterricht 52* (1), 4–9.

Singer, E. (1984). *Spielschule Hallenhandball. Vom rollenden Ball zum Mini-Handball*. Böblingen: Central-Druck-Verlagsgesellschaft.

Steinhöfer, D. & Remmert, U. (1998). *Basketball in der Schule* (5., umfassend überarbeitete Aufl.). Münster: Philippka.

Wurzel, B. (2008). Was heißt hier „spielgemäß"? Ein Plädoyer für das „Taktik-Spielkonzept" bei der Vermittlung von Sportspielen. *sportunterricht 57* (11), 340–345.

Wydra, G. (2001). Beliebtheit und Akzeptanz des Sportunterrichts. *sportunterricht 50* (3), 67–72.

Legende

O	Angreifer
X	Verteidiger
┌──┐	Fuß- und Schulterachsenstellung des Verteidigers
●	Ball
──►	Laufweg
∿∿∿∿>	Dribbling
- - - - - →	Passweg
────┤	Block / Stopp
⇒	Wurf
R!	Rebound
L	Lehrer
──→ (1)	Kennzeichnung der zeitlichen Reihenfolge des Geschehens
△	Markierungsmale

Glossar

- *1–2-Aufstellung*: Aufstellungsmöglichkeit der Angreifer im Spiel 3–3: Ein Aufbauspieler und 2 Flügelspieler (→ 1–3–1-Aufstellung).

- *1–3–1-Aufstellung*: Bezeichnung einer (Grund-)Aufstellungsmöglichkeit im Angriff sowie in der Verteidigung. Gezählt wird die Anzahl der Spieler, die sich auf einer Höhe parallel zur Grundlinie befinden. Gestartet wird die Zählweise von der Mittellinie in Richtung Korb.

- *Abrollen*: Der den Block stellende Angreifer macht sich nach dem Block durch eine Drehbewegung (Sternschritt rückwärts) anspielbar.

- *Abstreifen*: Form des „passiven" Blocks, bei dem ein Angreifer einen stehenden Mitspieler nutzt. Er läuft so dicht an diesem vorbei, dass er seinen eigenen Verteidiger in diesen „passiven" Block hineinmanövriert und sich so von ihm befreit.

- *Angreifer-Korb-Linie*: Fiktive Linie zwischen dem zu verteidigenden Angreifer und dem Korb.

- *Aufbauspieler*: Der Aufbauspieler ist der Spielmacher und wird als „Kopf der Mannschaft" bezeichnet. Er baut aus dem Rückfeld das Spiel auf, organisiert es, bestimmt die Auswahl und den Ablauf von Spielsystemen.

- *Außenpositionen*: Angreiferpositionen weit außerhalb der Zone, etwa auf Höhe der 3-Punkte-Linie.

- *Außenspieler*: Aufbau- und Flügelspieler werden als Außenspieler bezeichnet. Sie starten alle Aktionen weit außerhalb der Zone (meist in der Nähe der 3-Punkte-Linie) mit dem Gesicht zum Korb (→ Innenspieler).

- *Backdoor-Cut*: Schneiden eines Angreifers im Rücken des Verteidigers, um dort angespielt werden zu können.

- *Ballhandling*: Koordinationsübungen mit Ball zur Verbesserung der Ballbehandlung.
- *Ball-Raum-Verteidigung* (BRV): Verteidigungsform, bei der der Raum zwischen Ball und Korb gemeinsam verteidigt wird. Hierbei ist jedem Verteidiger eine bestimmte Fläche (Raum) zugeordnet, die er gegen alle dort eindringenden Angreifer zu verteidigen hat. Zusätzlich orientiert sich die BRV auch am Ball, d. h. alle Verteidiger verschieben bis an die Grenzen ihres zu verteidigenden Raumes in Richtung Ball (→ Mann-Mann-Verteidigung).
- *Ballseite*: Die Seite des Angriffs (links oder rechts vom Korb), auf der sich der Ball befindet.
- *Center* (Innenspieler): Meist der größte Spieler des Teams, der im Angriff häufig mit dem Rücken zum Korb spielt. Sein Bewegungsraum ist die Zone und der Zonenrand.
- *Check*: Eine Handlungsregel, bei der ein Verteidiger einem Angreifer den Ball übergibt, um eine Übung oder ein Spiel zu starten. Die Ballübergabe bedeutet, dass der Verteidiger spielbereit ist. Ein Check kann überall auf dem Spielfeld stattfinden.
- *Cut (I-, V-, Backdoor)*: Schneidebewegung eines Angreifers in deckungsschwache Räume der Verteidigung.
- *Cut and Fill* (Schneiden und Auffüllen): Gruppentaktische Maßnahme. Der Passgeber schneidet nach seinem Pass zum Korb, der freie Platz wird von einem Mitspieler neu besetzt.
- *Defensivrebound*: Ein vom Brett oder Ring zurückspringender Ball, der von der Verteidigung unter Kontrolle gebracht wird. Sowohl der Ball als auch die Verteidigeraktion werden als Defensivrebound bezeichnet.
- *Deny-Verteidigung* (V_1-Verteidigung): Verhinderung des Anspiels im ersten Passweg.
- *Direkter Block*: Partnerhilfe im Spiel 2 – 2. Ein Angreifer ohne Ball stellt am Verteidiger des Ballbesitzers einen Block, d. h. er versperrt diesem den direkten Laufweg.

- *Dunking*: Stopfen des Balles in den Korb von oberhalb des Ringes.
- *Ein-Kontaktstopp* (Sprungstopp): Form des regelgerechten Stoppens mit Ball. Nach Ballaufnahme (Dribbling / Pass) landen beide Füße gleichzeitig und parallel.
- *Facing*: Ausrichten der Schulterachse im rechten Winkel zum Korb. Dieser wird nach Ballerhalt angeschaut.
- *Fastbreak* (Schnellangriff): Ziel ist, einen Korb in Überzahl gegen eine noch nicht organisierte Abwehr zu erzielen.
- *Flügelspieler*: Haben ihre Ausgangsposition im korbnahen Bereich seitlich von der Zone nahe der Seitenauslinie. Sie sind das Bindeglied zwischen dem Aufbauspieler und dem *Lowpost*. Die Flügelspieler sind – wie der Aufbauspieler – Außenspieler. I. d. R. befindet sich ein Flügel auf der rechten und ein weiterer auf der linken Seite.
- *Give and Go*: Doppelpass. Gruppentaktisches Mittel beim Zusammenspiel zweier Angreifer.
- *Grundlinie*: Die Auslinie, die das Spielfeld hinter den Körben begrenzt.
- *Hand-off*: Gruppentaktische Maßnahme im Spiel 2 – 2 (Angriff). Ein Ballbesitzer (meist Center) übergibt den Ball an einen eng vorbei schneidenden Mitspieler (meist Außenspieler).
- *Help*: Wenn ein Angreifer zum Korb durchbricht, hilft der am nächsten stehende Verteidiger aus.
- *Help the Helper*: Wenn ein Verteidigungsspieler in der Zone jemandem helfen muss (nach Durchbruch eines Angreifers), hilft der nächste Verteidiger von der ballentfernten Seite dem Helfer.
- *Highpost*: Position des Centers auf Höhe der Freiwurflinie.
- *In and Out*: Befreiungstechnik in Verbindung mit einem Cut: Erst in die Zone („In“), danach schnell nach außen laufen („Out“).
- *Indirekter Block*: Ein Angreifer ohne Ball stellt einem weiteren Angreifer ohne Ball einen Block, damit dieser seinen Verteidiger in den Block treiben kann (→ *Direkter Block*).

- *Innenpositionen*: Angriffspositionen am Zonenrand bzw. in der Zone (→ Außenpositionen).
- *Innenspieler*: Alle Centerspieler werden als Innenspieler bezeichnet. Sie starten am Zonenrand mit dem Rücken zum Korb (→ Außenspieler).
- *Lowpost*: Die Position des tiefen Centerspielers am seitlichen Zonenrand mit ca. 45° Winkel zum Korb.
- *Make it, take it:* Regelvariation: „Wer einen Korb erzielt, bleibt in Ballbesitz!"
- *Mann-Mann-Verteidigung* (MMV): Verteidigungsform, bei der jedem Angreifer ein Verteidiger fest zugeordnet ist.
- *Match up*: Zuordnung eines Verteidigers zu einem Angreifer.
- *No move without fake*: Eine taktische Regel, welche besagt, dass keine Aktion ohne Täuschung begonnen werden sollte.
- *Outlet*: Erster schneller Pass nach dem → Defensiv-Rebound.
- *Pistol-Position* (V_2-Verteidigung): Stellung des Verteidigers gegen einen Angreifer, der zwei oder mehr Passwege vom Ball entfernt ist. Ein Arm zeigt zum Gegenspieler, der andere zum Ball, der Blick ist nach vorne gerichtet.
- *Pivot*: engl. Ausdruck für → Sternschritt.
- *Posting Up*: Anbieten des Angreifers auf der Ball – Korb – Linie, möglichst nah am Korb.
- *Power-Move*: Einhändiger Wurf im korbnahen Bereich mit beidbeinigem Absprung. Im Gegensatz zum Sprungwurf springt der Werfer zum Korb, um die Distanz zum Korb möglichst zu verkürzen.
- *Rebound*: Der vom Ring oder Brett ins Feld zurückspringende Ball.
- *Safety*: Der für die Fastbreak – Absicherung zuständige Spieler. I. d. R. der Spieler, der am nächsten an der Mittellinie steht.
- *Sidestep*: Seitschritte. Seitliche Fortbewegungsform, bei der die Füße nicht gekreuzt werden. Verteidigungsschritte (Gleitschritte) sind eine Form von Sidesteps.

- *Spielfeld neu:* Angelehnt an die Regeln der amerikanischen NBA wurde mit der Spielzeit 2010 begonnen, geänderte Spielfeldmaße bei internationalen Wettbewerben einzuführen (vgl. Abb. 75); diese müssen bis 2012 auch bei nationalen Wettbewerben umgesetzt sein.

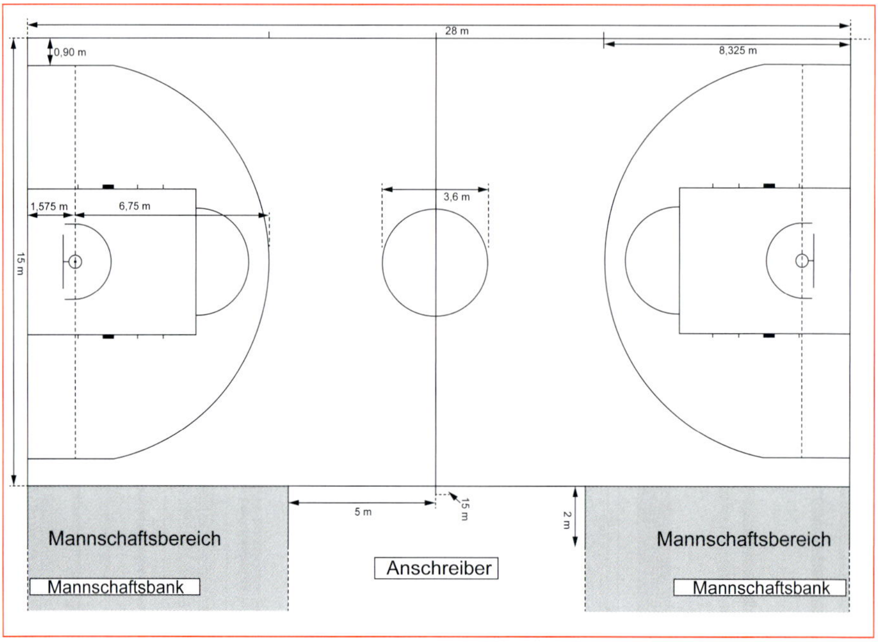

Abb. 75

- *Steal*: Ballgewinn durch einen Verteidiger.

- *Sternschritt* (pivot): Nach dem Dribbelstopp oder einem Zuspiel darf der Spieler mit demselben Fuß (Spielbein) in beliebiger Richtung Schritte machen, wenn der andere Fuß (Standbein) am Boden bleibt. Nach einem Zwei-Kontaktstopp ist das Standbein festgelegt (das Bein mit dem ersten Bodenkontakt), nach einem Ein-Kontaktstopp darf der Spieler das Standbein für den Sternschritt frei wählen.

- *Stop-Sign*: In der Verteidigung des ersten Passweges zeigt eine Hand in den Passweg mit der Handinnenfläche zum Passgeber. Dies soll für den Passgeber bildhaft als Stoppsignal gelten.

- *Streetball*: Variante des „klassischen“ Basketballspiels mit eigenen Regeln und Wettkämpfen. Wesentlicher Unterschied: Gespielt wird 3–3. Entstanden ist das Streetball auf den Straßen und Hinterhöfen der USA.

- *Switch:* Gruppentaktische Maßnahme in der Verteidigung. Zwei Verteidiger tauschen (übergeben gegenseitig) ihre Gegenspieler. Dies kann zum Beispiel nach einem direkten oder indirekten Block der Angreifer passieren.

- *T-Stellung*: Orientierungshilfe für den Blocksteller bei einem → direkten Block. Dabei bildet die Schulterachse des Blockstellers mit der Schulterachse des geblockten Verteidigers ein T.

- *Teamdefense*: Alle Spieler einer Mannschaft wirken gemeinsam als ein Deckungsverband. Dabei kann das Stellungsspiel und Verhalten eines Verteidigers aus taktischen Gründen (Absprache!) von dem im Grundlagentraining gelernten individualtaktischen Verhalten abweichen.

- *Trailor* (Hänger): Spieler, der beim Fastbreak zeitlich der ersten Angriffswelle folgt.

- *Transition*: Der Moment des Umschaltens von Angriff in Verteidigung (Transition Defense) oder von Verteidigung in Angriff (Transition Offense).

- *Two Men Game*: Zusammenspiel zwischen 2 Spielern, i. d. R. zwischen einem → Flügel und einem → Lowpost.

- V_B-*Verteidigung*: Verteidigung am Ballbesitzer.

- *Walk Through*: Das langsame Durchgehen eines Spielzuges oder bestimmter Laufwege. Im wörtlichen Sinne wird dabei zunächst wirklich Gehtempo gewählt.

- *Zweierkontakt*: Bezeichnung der letzten beiden Schritte beim Korbleger.

- *Zwei-Kontaktstopp* (Schrittstopp): Form des regelgerechten Stoppens mit Ball. Nach Ballaufnahme (Dribbling / Pass) landen die Füße zeitversetzt nacheinander – meist in Schrittstellung.

Spiel- und Übungsformen

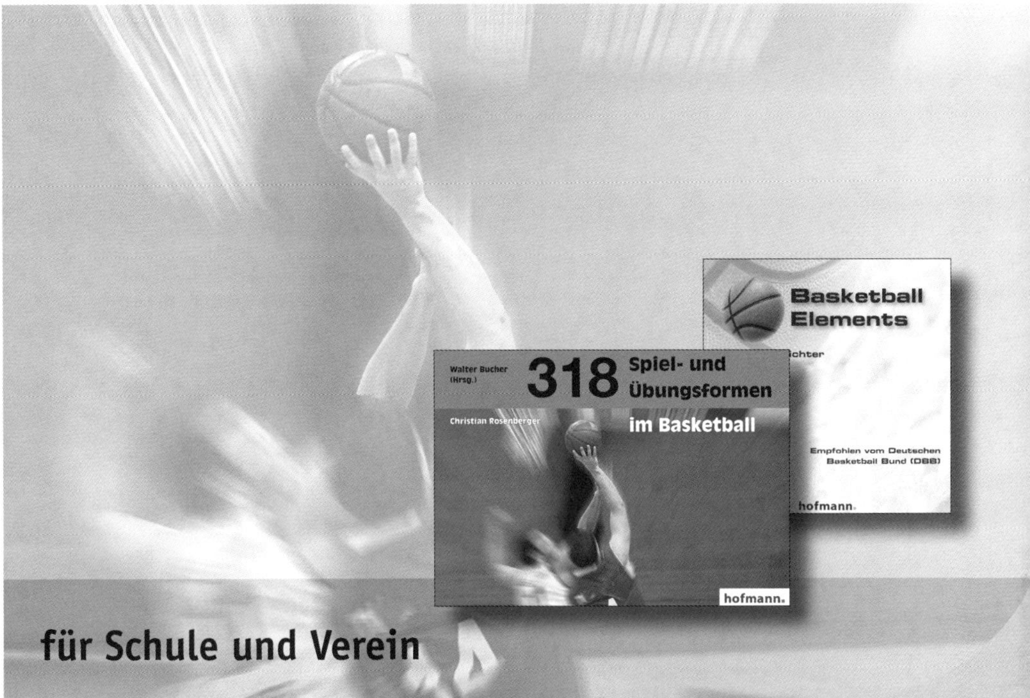

318 Spiel- und Übungsformen im Basketball

von Christian Rosenberger

Basketball wird ein Erfolgserlebnis, wenn viele Körbe fallen! Deshalb konzentriert sich dieses Buch vor allem auf die Angriffselemente des Spiels. Werfen, das „1 gegen 1", der offensive Rebound, der schnelle Gegenangriff und das Zusammenspiel im Angriff fördern die Freude und die Motivation am Spiel. Die 318 Spiel- und Übungsformen sind spielnah und in drei Schwierigkeitsgrade eingeteilt.

DIN A5 quer, 186 Seiten, ISBN 978-3-7780-2271-9, **Bestell-Nr. 2271 € 16.90**
E-Book auf sportfachbuch.de € 13.90

Basketball Elements

CD-ROM

Empfohlen vom Deutschen Basketball Bund (DBB)

von Tim Richter

Basketball Elements ist ein auf dem deutschen Markt bisher noch nicht existentes CBT (Computer Based Training) für den Basketballsport. Durch den Einsatz von animierten Taktikboards und Videosequenzen werden hier elementare Inhalte der Individualtechnik und Gruppentaktik im Basketball spielerisch vermittelt und eignet sich deshalb besonders gut als Schulungsmaterial für Lehrer und Trainer.

CD-ROM, ISBN 978-3-7780-6160-2, **Bestell-Nr. 6160 € 12.90**

hofmann. VERLAG

Steinwasenstraße 6–8 · 73614 Schorndorf
Telefon (07181) 402-125 · Telefax (07181) 402-111
E-Mail: bestellung@hofmann-verlag.de · www.hofmann-verlag.de

Basketball-Bücher

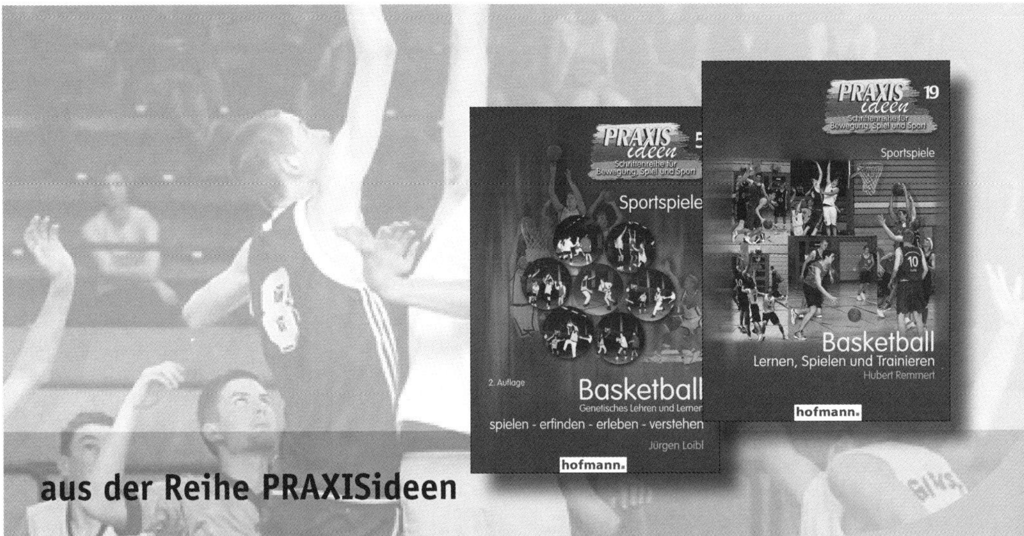

Basketball

Genetisches Lehren und Lernen – 2. Auflage 2006

von Prof. Dr. Jürgen Loibl

Im ersten Teil des Buches werden bewegungs-, wahrnehmungs- und handlungstheoretische Argumente für eine „Genetische Sportspielvermittlung“ diskutiert. Der zweite Teil beinhaltet eine konsequente Umsetzung der theoretischen Überlegungen in einem Vermittlungslehrgang Basketball. Dabei werden grundlegende Probleme des Spiels, wie sie sich dem Anfänger stellen, aufgegriffen und es wird aufgezeigt, wie Lernende daraus in Selbsttätigkeit auch ganz unkonventionelle Lösungsmöglichkeiten entwickeln können.

DIN A5, 132 Seiten, ISBN 978-3-7780-0051-9, **Bestell-Nr. 0052 € 14.90**

Basketball

Lernen, Spielen und Trainieren

von Dr. Hubert Remmert

Das Buch beschäftigt sich in zwei Schwerpunkten mit dem Lernen und Trainieren spielbedeutsamer Leistungsvoraussetzungen im Basketball. Dazu werden die Anforderungen des modernen Spiels skizziert und verschiedenartige Konzepte seiner Vermittlung analysiert. Der Begründung einer spiel- und strukturgerechten Anfängermethodik im Rahmen der Direkten und Indirekten Spielmethode nach Steinhöfer und Remmert folgen Vorschläge zur konkreten Umsetzung in der Praxis. Innerhalb des abschließenden Kapitels werden dann die Grundsätze des für die Spielausbildung besonders bedeutsamen Koordinations-, Technik- und Taktiktrainings umrissen und mit praxiserprobten Übungs- und Trainingsformen ergänzt.

DIN A5, 168 Seiten, ISBN 978-3-7780-0191-2, **Bestell-Nr. 0191 € 16.80**

hofmann. VERLAG

Steinwasenstraße 6–8 · 73614 Schorndorf
Telefon (07181) 402-125 · Telefax (07181) 402-111
E-Mail: bestellung@hofmann-verlag.de · www.hofmann-verlag.de

Folgende Videos befinden sich auf der CD

(01) a) 3-0 Aufstellung und Rotation
(01) b) 3-3 Aufstellung und Rotation
(02) a) Brustpass und Fangen
(02) b) Variante 1: einhändig Passgang-Sternschritt
(02) c) Variante 2: einhändig Kreuzschritt-Sternschritt
(03) Bodenpass
(04) Überkopfpass
(05) a) Passen im Viereck
(05) b) Variante zu Passen im Viereck
(06) a) Grundstellung Dribbling
(06) b) Dribbling und Täuschung
(06) c) Dribbling und Handwechsel
(06) d) Dribbelbeginn Kreuzschritt
(06) e) Dribbelbeginn Passgang
(07) 1-Kontaktstopp
(08) 2-Kontaktstopp
(09) a) Ballhandling
(09) b) Ballhandling
(09) c) Ballhandling
(09) d) Ballhandling
(09) e) Ballhandling
(09) f) Ballhandling
(09) g) Ballhandling
(09) h) Ballhandling
(09) i) Ballhandling
(09) j) Ballhandling
(10) a) Korbleger von Seite (rechts)
(10) b) Variante Unterhandkorbleger
(10) c) Korbleger nach Ballübergabe
(11) a) Koordinationsübung: Passen und Fangen
(11) b) Koordinationsübung: Passen und Fangen
(11) c) Koordinationsübung: Passen und Fangen
(11) d) Koordinationsübung: Passen und Fangen
(11) e) Koordinationsübung: Passen und Fangen
(12) Positionswurf
(13) Wurfwettspiel Bump
(14) a) Entscheidungsverhalten im Spiel 1 – 1 (Verteidiger nah)
(14) b) Entscheidungsverhalten im Spiel 1 – 1 (Verteidiger weit entfernt)
(14) c) Übung zum Entscheidungsverhalten
(15) a) Spiel 1 – 1 Variante A
(15) b) Spiel 1 – 1 Variante B
(15) c) Spiel 1 – 1 Variante C
(15) d) Spiel 1 – 1 Variante D
(16) a) Give and go
(16) b) Give and go Variante – Backdoor
(16) c) 1 – 1 + 1mit Frontcut
(16) d) 1 – 1 + 1 mit Backdoor
(16) e) 1 – 1 + 1 mit Lauftäuschung
(17) a) Cut 1-0+1
(17) b) Cut 1-0+1 mit Abschluss
(18) a) Sprungwurf ohne Dribbling – frontal
(18) b) Sprungwurf aus Dribbling – frontal
(18) c) Sprungwurf aus Dribbling – seitlich
(19) 3-3 mit passiven Angreifern
(20) a) Posting up und Power-Move
(20) b) Posting up und Power-Move Variante
(20) c) Hand-off
(20) d) Fake Hand-off (angetäuscht)
(21) Fastbreak-Übung 2-1+1
(22) a) Fastbreak-Übung 3-0
(22) b) Fastbreak-Übung 3-0
(22) c) Fastbreak-Übung 3-0
(23) Power-Move
(24) a) Werfen unter Belastung
(24) b) Werfen unter Belastung Variante
(25) a) 1-1+1 auf Centerposition
(25) b) 1-1+1 auf Centerposition
(25) c) 1-1+1 auf Centerposition
(26) a) Ausstiegsmöglichkeit nach indirektem Block
(26) b) Ausstiegsmöglichkeit nach indirektem Block
(26) c) Ausstiegsmöglichkeit nach indirektem Block
(27) a) Give and Go-Kontinuum (Aufbau/Flügel)
(27) b) Korbleger-Zirkel von der Grundlinie
(27) c) Korbleger-Zirkel – Gegenseite
(28) a) Direkter Block Variante 1
(28) b) Direkter Block Variante 2
(29) Fastbreak-Übung 4-0
(30) Fastbreak-Übung 5-0
(31) Situation 2-1 (BRV)
(32) Situation 3-2 (BRV)
(33) Situation 4-3 (BRV)